职业教育“三教”改革实践研究与管理评价

许爱军 徐 芳 王喜苗 张红兰 马 睿 著

广东省普通高校重点研究项目（2019GWZDXM007）经费资助

科学出版社
北 京

内 容 简 介

“三教”改革事关“谁来教”“教什么”“怎么教”三个核心问题，是职业教育改革发展的重大课题。立足新时代、面向新征程，重新审视和全面梳理“三教”改革的发展脉络和内生机理，具有重要的现实意义和实践价值。

全书分为“三教”改革的发展逻辑与目标要求、“三教”改革的建设内涵与实施路径、“三教”改革的实施平台与协同机制、基于“三教”改革的人才培养与成效检验及面向“三教”改革的教学管理与评价体系五个部分，具有面向实践、重在应用的特点。

本书可供职业教育教学建设者、管理者和改革者阅读参考，同时对教育行政管理人员、职业教育领域的研究人员以及一线教师也有参考价值。

图书在版编目（CIP）数据

职业教育“三教”改革实践研究与管理评价/许爱军等著. —北京：科学出版社，2022.11

ISBN 978-7-03-073678-9

Ⅰ. ①职… Ⅱ. ①许… Ⅲ. ①职业教育-教育改革-研究-中国②职业教育-教育管理-研究-中国 Ⅳ. ①G719.21

中国版本图书馆 CIP 数据核字（2022）第 203645 号

责任编辑：孙露露 / 责任校对：马英菊

责任印制：吕春珉 / 封面设计：东方人华平面设计部

科学出版社 出版

北京东黄城根北街 16 号

邮政编码：100717

http://www.sciencep.com

北京中科印刷有限公司 印刷

科学出版社发行 各地新华书店经销

*

2022 年 11 月第 一 版 开本：B5（720×1000）

2022 年 11 月第一次印刷 印张：9 3/4

字数：153 000

定价：99.00 元

（如有印装质量问题，我社负责调换〈中科〉）

销售部电话 010-62136230 编辑部电话 010-62138978-2010

前　言

2021 年是“十四五”开局之年，也是全面建设社会主义现代化国家新征程的开启之年。首次以党中央、国务院名义召开的全国职业教育大会，标志着我国职业教育正式进入提质培优、增值赋能的快车道。2022 年 4 月 20 日修订并于 2022 年 5 月 1 日起施行的《中华人民共和国职业教育法》，系统构建了新时代职业教育法律制度体系，对推动职业教育高质量发展必将发挥重要的作用。党的二十大报告，从战略全局上对全面建设社会主义现代化国家做出战略部署，为新时代新征程职业教育教学改革指明了前进方向、提供了根本遵循。站在新的发展阶段，系统回顾并深入研究关于“谁来教”“教什么”“怎么教”三个核心问题的“三教”改革，具有很强的现实意义和实践价值。

“三教”改革这个命题，自提出后就一直受到职业教育的广泛关注。本书从“怎么看”“怎么办”“怎么干”三个维度，简要介绍对这个命题的理解和认识。

一、对于“三教”改革，怎么看？

一看过去。我国职业教育从改革开放以来，大体经历了从外延式发展到内涵式发展、从参照普通教育办学到树立职业教育类型教育、从以政府主办为主到社会多元主体共同参与三个发展阶段，走出了一条规模化发展、创新性发展、内涵式发展、高质量发展的特色发展之路。在全面落实《国家职业教育改革实施方案》的背景下提出“三教”改革，是对职业教育提质培优、增值赋能、以质图强的主动应答。

二看现在。我国经济社会发展进入了新时代，从以单纯适应“世界工厂”到主动适应“中国制造”“中国创造”“国内国际双循环”为典型特征的新经济；以云计算、物联网、大数据、人工智能技术为典型代表的新技术全面融入产业、汇入生活。在经济社会发展进入新时代的背景下提出“三教”改革，是对职业教育超前识变、积极应变、主动求变的时代应答。

三看未来。党中央、国务院对职业教育的重视程度之高前所未有，推动职业教育改革力度之大前所未有，职业教育面临的重大发展机遇前所未有。因此，职业教育的未来可以概括为“前途广阔、大有可为”这8个字。但是“三教”改革仍然面临不容忽视的问题，尤其是随着职教高考推动职普分流，要求“三教”改革有效匹配职业本科教育；随着“纵向贯通、横向融通”的职业教育体系逐渐成熟，要求“三教”改革同时兼顾职普两套教学体系；随着高等职业教育扩招、生源多样成为基本态势，要求“三教”改革深入实施个性化教学。可以说，在职业教育发展如火如荼的背景下提出“三教”改革，是对职业教育纵横完善、模式创新、类型发展的战略应答。

由此可见，从职业教育的过去、现在、未来三个时间维度看，“三教”改革是教育的本位回归，也是新时代职业教育改革的再深化。

二、落实“三教”改革，怎么办？

立足新时代、面向新征程，我们学习贯彻党的二十大精神，关键是要把准中国式现代化的国情特色和本质要求，找准职业教育支撑国家全面现代化、民族全面复兴和人的全面发展的着力点，以自信自强、守正创新、踔厉奋发、勇毅前行的精神状态，统筹“三教”协同创新，优化职业教育类型定位，不断拓宽中国特色现代职业教育发展道路。

“三教”改革的目标有两个：一是适应职业教育发展的“四新”常态，即以推动专业集群改革发展为代表的新教改，以发展线上线下混合式教学为代表的新形态，以培养学生就业创业能力为代表的新质量，以建立教学诊断改进体系为代表的新保障；二是契合职业教育高质量发展的“8字”要求，即“提质”“培优”“增值”“赋能”。

为了达到“三教”改革的目标要求，职业院校需要进行四个方面的调整：一是要依据“面向市场的就业教育、面向能力的实践教育、面向社会的跨界教育、面向人人的终身教育”这“四个面向”明确办学定位，调整教学观念；二是要衔接好教育链、产业链、人才链和创新链这“四个链条”，明确改革方向；三是要围绕职普关系、产教关系、校企关系、师生关系和中外关系这“五个关系”，探寻实施路径；四是要聚焦衔接体系、办学格局、育人机制、管理体制和关键制度这“五个维度”，完善保障机制。

由此可见，“三教”改革是一项系统工程，需要多方协同发力。具体来说，需要构建产教融合共同体，打通协同动脉，促进“三教”共生共长；需要深化工作过程课程改革，优化协同中枢，促使“三教”鉴机识变；需要推进新技术全面应用，聚焦协同驱动力，促进“三教”提质增效。

三、开展“三教”改革，怎么干？

将教师、教材、教法这三个元素连接起来的是课程，因此抓“三教”改革，要先从抓课程入手。下面以广州铁路职业技术学院（以下简称“广铁职院”）为例，介绍“三教”改革的实施路径。

一是抓课程建设。在国家出台的专业目录和专业建设标准的基础上，广铁职院对100%的课程重新修订课程标准，抓好了课程标准；立项课程思政示范课17门、思政课教学创新团队1个，以点带面落实了课程思政；以建设专业教学资源库为抓手，立项专业教学资源库国家级2个、省级4个、校级12个，抓好了课程资源；建设精品在线开放课程国家级1门、省级15门、校级52门，混合式课程38门，抓好了线上课程；建设国家级示范性虚拟仿真实训基地1个、省级大学生实践教学基地13个、省级实训基地8个，抓好了实践课程。

二是抓教材建设。广铁职院建设活页式教材60本、立体化教材25本、工作手册式教材30本，抓好了新形态教材；立项“十三五”职业教育国家规划教材8本，抓好了规划教材；与全国百佳出版社合作，获得国家优秀教材奖1项，抓好了优秀教材。在此基础上，按照“一书一课一空间”思路，开发了配套的数字教材和在线课程。

三是抓教师队伍。建立“以学生为中心、以教学为轴心、以就业为靶心”的教学理念，狠抓教学理念转型；以全国高校教师教学能力比赛为牵引，获国家级奖项4项、省级奖项33项，狠抓教学能力提升；以成果为导向，获国家教学成果奖2项、省级教学成果奖10项，狠抓教研能力提升；以打造协作共同体为突破，建成国家级职业教育教师教学创新团队1个、省级职业教育教师教学创新团队8个，狠抓教学团队建设。

四是抓教法改革。加大教师对人工智能、大数据、虚拟现实等技术的应用培训，狠抓教师信息素养；大力推行过程导向、问题导向、情境导向、行动导向教学方法，狠抓教法改革；以新技术、新教法改革为引领，新增“课堂革命”典型案例24个，狠抓典型案例；以新校区智慧教室建设为契机，让智慧教学走向常态化，狠抓教法经验推广。

本书由笔者及其团队成员在对“三教”改革的逻辑内涵与管理评价进行系统梳理的基础上编写而成。本书的共同作者包括许爱军、徐芳、王喜苗、张红兰、马睿。另外，龚健、张士刚为本书写作提供了部分资料，吴月琴、刘红梅博士参与了本书的校对与整理工作，在此表示衷心感谢。

在本书撰写过程中，笔者查阅了大量相关资料，参考并引用了很多有价值的文献观点，并尽可能注明出处，在此对相关作者表示衷心感谢。

由于笔者水平有限，许多有价值的研究和实践方法可能被遗漏，书中也难免有不当之处，希望广大读者不吝指正。

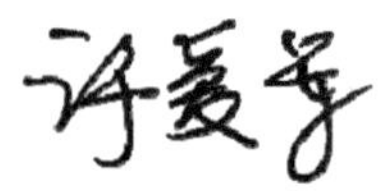

2022年9月

于广州增城科教城

目　录

第1章

“三教”改革的发展逻辑与目标要求

本章概要

本章围绕“三教”改革的提出与发展、目标与载体、策略与建议三部分进行论述。首先介绍“三教”改革的提出与发展，有助于读者整体把握“三教”改革提出的时代背景和发展现状，理解“三教”的深刻内涵，了解目前亟待解决的主要问题。其次介绍“三教”改革的目标与载体，有助于读者全面掌握“三教”改革的目标要求和实施载体，明确“三教”改革的服务方向，为改革实践提供思路和平台。最后介绍“三教”改革的策略与建议，有助于读者全面了解“三教”改革的实施策略和建议，促使“三教”改革协同发展，进而推动“三教”改革落地生花。

1.1 “三教”改革的提出与发展

“三教”改革是指教师、教材、教法改革。探讨“三教”改革，首先要认清“三教”改革提出的背景，把握“三教”改革的发展脉络，梳理“三教”改革的发展现状。下面将详细阐述“三教”改革概念的由来，从历史逻辑、内生逻辑和外部逻辑三个方面介绍“三教”改革的发展逻辑，并结合文献梳理和现状调研，梳理“三教”改革的发展现状。

一、“三教”改革的提出

关于“三教”改革的正式提出，目前尚没有形成共识。部分学者认为是在《国家职业教育改革实施方案》（简称“职教二十条”）中提出的。经过文字比对分析不难发现，“职教二十条”中并无“三教”改革的字眼，甚至没有“教师”“教材”“教法”这三个词的并列描述。应该说，“职教二十条”包含了“三教”改革的相关内涵，为“三教”改革的正式提出孕育了先机，也为“三教”改革发展指明了方向。

“三教”改革这个概念是孙春兰副总理于2019年4月4日在全国深化职业教育改革电视电话会议上提出的，其中“三教”指的是教师、教材、教法。孙春兰副总理指出：“我国职业教育有近千个专业、近10万个专业点，但在教师、教材、教法上存在不少薄弱环节，成为影响职业教育质量的重要因素。职教改革方案（注：是指‘职教二十条’）针对这些问题，提出了具体的政策措施，各地各职业院校要认真落实，加大‘三教’改革力度。”关于教材，孙春兰副总理强调：“要紧盯技术和产业升级需求，及时将新技术、新工艺、新规范纳入教材，探索使用新型活页式、工作手册式教材并配套信息化资源，引入典型生产案例。”

在此之后，围绕“谁来教”“教什么”“怎么教”这三个核心问题，职业教育界开展了深入研究，“三教”改革也逐渐成为加强职业教育专业内涵建设、提升技术技能人才培养质量的重要法宝。可以说，职业教育是教育板块的增长带，“三教”改革就是这个增长带中的增长极。

二、“三教”改革的发展

关于教师、教材、教法之间的逻辑关系、内涵发展、协同发展的研究已成为职业教育“三教”改革的重点议题。为提高职业教育适应性，校企协同共同推进“三教”改革是大势所趋[1]。

1. “三教”改革的发展逻辑

探讨“三教”改革的发展逻辑，纵向要分析其发展脉络，发掘其逻辑起点；横向要分析其内因、外因，探讨其内生动力和外部环境。

（1）历史逻辑：课程改革的持续发展

课程是教学的根本内容，直接影响学生“三观”的形成，事关人才培养根本任务落地。自 1978 年全面恢复职业教育发展以来，为解决人才培养供给侧与行业企业人才需求侧之间的矛盾，职业教育课程围绕“一切为了学生发展”的核心理念进行了改革。从时间发展脉络来看，职业教育课程改革迄今已历经三个发展阶段。

第一阶段为基于学科知识的建筑模式阶段（1978～1995 年）。职业教育课程内容脱胎于本科课程，课程体系建设受制于学科分类，课程分类以学科知识基础课、专业基础课和专业课三段式为主。本阶段的职业教育尚未形成职业教育自身的类型特征，教师扮演“传道、授业、解惑”的角色，以传授学科知识为主；教材沿用普通本科教材，脱离职业教育实际；教法上以知识传授的灌输式为主，形成以“单向知识传授”为主的教学模式，“三教”改革孕育其中，其力度和深度均有限。

第二阶段为基于职业活动的过程模式阶段（1996～2015 年）。基于能力本位教育理论的指导，以“够用、适用”为原则，职业教育逐渐提高实践教学的比例，以就业为导向培养技术技能人才。随着“学习领域”课程模式研究的提出，职业教育开始结合典型工作任务，梳理职业岗位能力，探索职业能力的培养方法与模式，更加精准培养职业能力，致力于解决人才培养供给侧与行业企业人才需求侧之间的矛盾。在此研究过程中，逐渐发现“学习领域”课程指导建构的能力培养体系偏于离散性和碎片化，不利于人才培养目标的达成。反观项目课程研究，通过构建学习情境，实施模块化教学，可以构建系统化能力培养体系。在此阶段，教师职业教育教学理念逐渐更新，涌现出案例式、项目式和工作过程导向的教材，教学方法逐渐转向项目教学、情境教学、案例教学等以能力为本位的教学方法。“三教”的深度和广度得到发展。

第三阶段为基于教育结果的成长模式阶段（2016 年至今）。随着新理念、新技术、新经济、新产业的发展，人才培养目标和规格随之变化。新时代，为培养具有创新精神、家国情怀的高技术技能人才、能工巧匠以及大国工匠，课程内容需更加强化立德树人，深度融入课程思政，突出时代特征，深度融入行业企业需求。为此，职业教育教师开始着力提升课程思政能力，跨学科教学能力，以及运用人工智能、大数据、虚拟现实等新技术的能力等。同时，开发具有职业教育特质的教材，工作过程导向和情境导向的活页式、工作手册式和新形态一体化教材大量涌现，教学方法逐步革新，项目式教学、线上线下混合式教学、理实一体化教学、情境导向教学等新教法被逐步推广应用，“三教”改革的深度和广度得到进一步彰显。

综上，课程的研究、改革和发展同步带动“三教”的研究、改革和发展，课程是教师、教材、教法的核心连接点，实质上也是“三教”的逻辑起点和原生动力。

（2）内生逻辑：提高质量的现实诉求

质量是职业教育的生命线，职业教育的初心和使命终将是提升人才培养质量。纵观职业教育四十余年发展历程，围绕人才培养质量提升，职业教育自起步发展以来逐步实现从外延式发展（规模扩张）向内涵式发展（质量提升）转变、从参照普通教育办学向树立职业教育类型教育转变、从以政府主办为主向社会多元主体共同参与转变，走出了一条规模化发展、创新性发展、内涵式发展、高质量发展的特色发展之路[2]。

在发展过程中，党中央、国务院对职业教育始终坚持一张蓝图绘到底，适时启动重大建设项目解决职业教育发展过程中的痛点、难点和堵点问题：2006～2009 年立项的国家示范性高等职业院校建设项目，率先在全国 28 所职业院校探索工学结合的专业建设，试图从教学层面探索工学结合的人才培养模式，以此提高教学质量；2010～2014 年立项的国家骨干高职院校建设项目，重点在全国 100 所职业院校探索校企合作的体制机制，试图从办学层面解决校企合作不紧密的问题，以此提高办学质量；2015～2018 年以高等职业教育创新发展行动计划为载体，开展国家优质专科高等职业院校建设，试图从内涵建设层面进一步提升专业办学实力；2019 年启动的中国特色高水平高职学校和专业建设计划（“双高计划”）项目，重点在全国 197 所高等职业院校探索产教融合型的治理结构，试图从治理层面进一步提高职业院校的产教融合水平，以此提高人才培养质量。可以说，示范校建设解决了“是不是”的问题，骨干校建设解决了“活不活”的问题，优质校建设解决了“好不好”的问题，双高校建设解决了“强不强”的问题。对中等职业学校而言，“十三五”期间，国家启动了中等职业教育改革发展示范学校建设，旨在扶持 1000 所中等职业学校创新发展；“十四五”期间，以各省、市为单位启动了高水平中等职业学校建设。这些重大项目和平台，有效促进了职业教育办学质量的提高。

职业教育在发展历程中紧扣“质量提升”，办学质量和办学水平赢得社会认可。作为关乎人才培养质量最直接的影响因素，“三教”改革势必成为改革的重点、难点，也必定会形成自身的特色和亮点。

（3）外部逻辑：时代发展的必然要求

在新经济、新技术、新业态的新时代背景下，职业教育面对新变化、新要求、新趋势，为服务国家经济社会发展、服务产业结构转型升级，要适时调整人才培养定位、人才培养目标和人才培养规格。

一要适时调整人才培养定位以适应新经济发展。随着经济高质量发展，中国已经成为世界第二大经济体，同时也伴随着劳动力成本、生产要素和资源成本增长，由此导致对劳动密集型的人力资本需求降低。因此，职业教育的人才培养定位也应适时调整，不应再局限于培养劳动密集型企业的工人。

二要适时调整人才培养目标以支持新技术发展。在工业 4.0 时代，人工智能、云计算、大数据、物联网等技术的飞速发展深刻地影响及改变了传统的行业企业，使得原有行业企业对劳动者职业能力需求更加复杂化、多样化。因此，职业教育的人才培养目标也应同步换挡升级，由原本的技术技能人才转变为高素质复合创新型技术技能人才。

三要适时调整人才培养规格以迎合新业态的变化。新经济、新技术蓬勃发展带来的新变化、新要求融合了传统的学科专业，催生出一批跨越学科专业藩篱的新产业、新业态和新岗位。新业态迫使职业教育动态调整专业布局，淘汰一批滞后于产业行业发展的专业，优先发展与产业行业发展同向同行的专业

（群），以此培养适应且促进新产业发展的高素质复合创新型技术技能人才。

为适应新时代的蓬勃发展，职业教育要全方位调整人才培养定位、人才培养目标和人才培养规格，重新定义职业院校功能，突出专业内涵建设，促进校企深度合作，改进课程内容和考核标准，完善实践教学基地功能，提升师资队伍标准，而“三教”必定成为重点调整要素，“三教”改革也必定会应时而变。

2. “三教”改革的发展现状

（1）教师队伍改革现状

教师队伍建设与教育、科技、人才建设密切相关，将为教育强国、科技强国、人才强国的统筹推进提供人力资源有力支撑。师资队伍建设是职业院校教育政策制定与研究的重点，也是制约职业院校教育发展质量提高的瓶颈[3]。目前，针对职业院校教师队伍改革的研究主要集中在师德培养、教师管理综合改革及高素质专业化和创新型教师队伍建设等方面。

1）师德培养。师德培养主要从教师职业道德修养、课程思政、考核等方面开展相关研究。如许萍等[4]提出要建立师德考评机制，进行分层评价考核。在医学类职业院校，则将“师德”与“医德”相结合，开展基于医德教育的师德教育活动[5]。此外，还将师德建设与人才评价机制相结合，将师德建设融入教师职后教育等，提高教师的职业素养[6]。

2）教师管理综合改革。教师管理综合改革主要涉及教师资格与任用、教师培养与发展、教师考核与评价等方面。如巴佳慧[7]提出了校企“双导师”联动模式的职业院校师资队伍建设方案。何静和代晓容[8]提出采用分类分层管理方法，即将教师管理机制与建设机制结合、教师个体发展与教师团队建设结合、校内专职教师与校外兼职教师结合，由此深化职业院校人事制度改革，完善教师激励与管理机制。

3）高素质专业化和创新型教师队伍建设。高素质专业化教师队伍建设是职业院校发展的关键因素，也是我国职业教育发展最薄弱的环节。当前，“双师型”教师建设被认为是职业院校教师队伍专业化的必然选择。如黄瀚玉和曾绍伦[9]提出采取“引进来”的方法，扩大和优化教师队伍结构；采取“走出去”的方法，通过与生产劳动相结合，以及“传帮带”“练本领”等形式，提升“双师型”教师队伍的数量与质量。崔发周[10]提出以现代学徒制为基本培养制度的校企“双元”培养模式来建立互相协作的职业院校教师队伍与企业教师队伍，实现院校教师的生产实践能力与企业教师的教育教学能力协同发展。楼世洲和岑建[11]提出采用深化院校管理体制与机制、建立多元化教师引进和专业发展机制、构建知识共享产教融合平台、构建分层分类教师评价体系等来建设“双师型”专业教师与“双师型”教师团队。此外，杨清华[12]提出从“供给侧结构性改革”角度出发，打造一支敬业型仁师、精业型匠师、创新型导师的“匠师型”教师队伍，以培养工匠型的高素质技术技能人才。

（2）教材改革现状

党的二十大报告首次提出“加强教材建设和管理”，表明了教材建设国家事权的重要属性，凸显了教材工作在党和国家事业发展全局中的重要地位，体现了以习近平同志为核心的党中央对教材工作的高度重视和对“尺寸课本、国之大者”的殷切期望。

教材是教学内容的支撑和依据，具有鲜明的意识形态属性、价值传承功能，是立德树人的核心载体。有研究者认为，教材改革与创新的根本是课程改革，以课程作为统领。如郭福春和王玉龙[13]提出，要优化课程体系，凸显职业教育类型与特色。具体方案如下：一是强调课程思政，将职业精神、专业精神、工匠精神融入人才培养的全过程；二是深化产教融合、校企合作，将课程内容与企业岗位标准相契合，推行“1+X”证书，实现一专多能；三是强调实践课程的重要性，通过现代学徒制、产业学院、职业教育集团等载体来增强学生的岗位实践能力。李宇红等[14]结合专业特点，创建了“上班式课程”，以“上班文化、上班典型工作任务、上班核心技能”为上班三素质，建设卖场课堂环境、商贸文化课程、卖场管理课程、商贸技能竞赛、商贸资源库五维元素的商贸“上班式课程体系”，让学生以“职业人”的身份去学习探究，实现教材、课堂的“有用、有趣、有效”。

此外，通过文献检索发现，2015 年以来，关于职业院校教材改革的研究主要集中在“校本课程教材”“校企合作教材”“立体化教材”“新形态一体化教材”（“数字化教材”或“交互式教材”）等模式上。如王洪艳[15]进行了基于现代学徒制的校本教材开发研究，指出校本教材最能体现学校的实际情况与专业特点，但却难以调动学生的积极性，因此提出：教材开发主体化，将企业专家或首席工人、技术能手等纳入教材的编写和指导中，把企业实践经验融入理论知识中；学习情境系统化，以真实的学习情境为单元，传递有效的教学信息；教材形式立体化，在现代学徒制及教育信息化的背景下，突破传统的纸质版教材，融入音频、动画、视频、网络流媒体等，以满足学生移动学习、个性化学习、随时学习的需要。褚颖[16]开发了4大类10小类的课程资源库来打造新形态一体化教材，主要为：授课资源库（课程教学标准、教学PPT、视频等）；演示案例库（应用增强现实、虚拟现实技术，视频动画等）；实验实训案例库（实验实训指导书、实验实训操作视频等）；习题库（包括在线测试试题库、练习题库）。学生可通过在线课程学习网站随时随地获取课程资源进行自主学习，从而实现线上线下的混合式教学。

（3）教法改革现状

教法是连接教师和学生的桥梁与纽带，教法改革的成功与教学质量的提高和人才培养目标的实现有着直接的联系。当前，我国职业院校教法改革主要围绕转变教师教学理念、解决教法传统单一、学生理论与实践能力并进、激发学生学习兴趣等方面。如倪尔妍[17]提出推行“校内课堂”“网上课堂”“企业课堂”多维学习的教学模式，将理论与实践、线上与线下、传统与创新相结合；此外，要健全全方位、多元化的教学监督与评价机制，及时评估教法成效。在北京财贸职业学院的“上班式课程”改革中，通过“研学结合”课程并借助项目、活动、工具等载体，应用案例分析法、提问法、情境教学法、头脑风暴法、角色扮演法、沙盘演练等教与学的方法，实现了教法创新与多元化。李吉霞[18]则探索应用了互联网、物联网、大数据等技术，通过慕课、微课、翻转课堂、虚拟课堂等载体来丰富教学形式，实现教法改革。

1.2 “三教”改革的目标与载体

新时代十年来，以习近平同志为核心的党中央一直高度重视职业教育发展。从党的十八大报告强调“加快发展现代职业教育”，到党的十九大报告强调“完善职业教育和培训体系，深化产教融合、校企合作”，再到党的二十大报告进一步强调“统筹职业教育、高等教育、继续教育协同创新，推进职普融通、产教融合、科教融汇，优化职业教育类型定位”，并把大国工匠和高技能人才纳入国家战略人才力量，不仅文字表述越来越丰富，而且战略定位越来越突出，实践要求越来越明确，这表明我们党对新时代职业教育改革发展的规律性认识越来越深入。

一、“三教”改革的目标

“三教”改革的目标是要适应职业教育发展的“四新”常态，契合职业教育高质量发展的“8 字”要求。

1. 适应职业教育发展的“四新”常态

（1）以推动专业集群改革发展为代表的新教改

专业集群是对应产业集群上同一产业链和创新链岗位（群）要求，按照群落建设原则，以与主干学科关联度高的核心（优势、特色）专业为引领，将若干学科基础、工程对象与技术领域相同或相近的、具有内在关联的专业有机结合。

“三教”改革要求职业院校在对产业集聚区进行全面调研的基础上，立足地方经济社会发展、产业结构布局和技术进步要求，积极推进专业集群建设。一是要围绕“突出应用，强化对接；集群发展，共建共享；深化改革，提升质量；打造特色，适应竞争”的建设原则，确定专业设置和调整机制，形成社会需求、教学资源和行业指导意见相结合的专业设置、调整和集群构建原则。二是要按照“资源共享、相互支撑、优势突出”的建设思路，立足学科专业发展优势，以与区域经济社会和产业发展需求关联度较高的核心专业为主体，充分融合具有内在关联的相关专业，统筹校内外教学资源，通过“关、停、并、转、建”等方式，打造优势专业集群。通过进一步深化产教融合、校企合作，推进人才培养模式改革，实施课程教学范式综合改革，促进“三教”改革成为以推动专业集群改革发展为代表的新教改。

（2）以发展线上线下混合式教学为代表的新形态

在过去的一段时间内，我国进行了大规模的在线教育实践，以适应特殊情况下的学习需求。在这一过程中，基于互联网的教研活动形式百花齐放，备课、说课、评课等教研方式发生重大变化，网络教研、协同教研、基于数据驱动的教研等获得了快速发展。

线上教学和线下教学各具优势。在教学观念上，线上教学是自主、开放的教育，线下教学是规范、有序的教育；在教学环境上，线上教学情境创设手段丰富，易于激发学生的学习兴趣，线下教学现场感强，情感交流丰富；在师生互动上，线上教学可以远程交互、不受距离限制，线下教学能够面对面交流、实时互动；在学习评价上，线上教学可以进行学生学习行为全过程记录和挖掘分析，便于开展智能评测与反馈，线下教学便于教师及时评价与反馈。因此，应将两者有机结合起来，走线上线下混合式教学之路。线上线下混合式教学可以破解因材施教、个性化学习、学生减负、教育公平、教育评价等教育难题，推动教学、管理与治理模式和方法的变革创新。

（3）以培养学生就业创业能力为代表的新质量

就业创业工作是教育领域重要的民生工程。职业院校要高度重视学生就业创业能力培养，不断提高思想站位，从对学校发展负责、对学生发展负责的高度深化对就业创业工作重要性的认识，将就业创业工作当作“生命线工程”来对待。

职业院校需要紧扣提高人才培养质量这个核心问题，坚持以技术技能人才培养为目标，积极推进以就业和社会需求为导向的教育教学改革，努力打造毕业生就业核心竞争力。一是成立就业创业工作领导小组，构建“党政领导主管、职能部门统筹、相关部门配合、院系主抓落实、全员参与就业”的就业创业工作体系，形成全员参与、齐抓共管的工作格局；二是落实“以学生为中心”的教育教学理念，满足学生个性化发展需求，积极推进学分制改革，建立与学分制改革相配套的学生学业导师、选课管理、学籍管理、学生管理等制度；三是坚持以社会需求为导向、坚持德育优先、坚持注重学生个性化发展和实践动手能力培养的原则，全面修订专业人才培养方案，人才培养目标和规格契合经济社会发展对人才的需求；四是构建由通识教育课程、专业课程、集中性实践环节三大模块组成的课程体系，增加选修课程和拓展课程，为学生的个性化发展提供足够的课程套餐；五是强化实践教学，积极推进产教融合，完善校企合作培养模式，将行业准入的知识和课程纳入人才培养方案，充分发挥校企协同育人的作用，切实提高学生的创新精神和实践能力；六是建立用人单位和毕业生就业状况反馈机制，认真听取吸纳用人单位和毕业生对人才培养改革的意见建议，增强人才培养和社会需要的契合度。

（4）以建立教学诊断改进体系为代表的新保障

教育质量既是当前经济社会质量的重要内容，又关系着未来经济社会发展的质量。职业教育已经成为推动实体经济发展和提升国家竞争力的重要支撑。因此可以说，职业教育质量、技术技能人才培养质量，直接关系着中国经济社会发展质量[19]。

建立职业院校教学工作诊断与改进制度是“管办评”分离的必然选择。教育领域全面深化综合改革，推行“管办评”分离，必须加快健全学校自主发展、自我约束的运行机制。在这个背景下，职业院校教学工作诊断与改进制度明晰了管、办、评的职责范围，界定了人才培养质量各方责任的总体框架：职业院校是人才培养质量的第一责任主体，确保人才培养质量在其生成的过程中首先得到保证，体现职业院校担负主体责任的内在自觉性；教育管理部门是人才培养质量的第二责任主体，复核职业院校是否具备履行第一主体责任的制度、机制和能力，体现教育管理部门的管控应激性；利益相关方是人才培养质量的第三责任主体，以结果评价导向倒逼第一和第二责任主体推动人才培养质量持续改进，体现第三责任主体的外在技术性。

建立职业院校教学工作诊断与改进制度是学校履行主体责任的重要内容。职业教育深化体制改革，需要明确职业院校的办学权利和义务，落实学校办学主体地位，逐步形成政府依法履职、院校自主保证、社会广泛参与，教育内部保证与教育外部评价协调配套的现代职业教育质量保障机制。建立职业院校教学工作诊断与改进制度，就是要构建政府、学校、社会的新型关系，推动职业院校不断强化主体责任，用好办学自主权，实现院校质量自治；推动政府更加尊重学校办学自主权，履行营造公正公平发展环境的管理责任；推动社会全过程参与办学质量评价，促进教学质量持续提升。

建立职业院校教学工作诊断与改进制度是持续提升培养质量的重要抓手。职业院校提高竞争力，服务国家产业结构转型升级，必须把资源配置和工作重心转移到持续提高技术技能人才培养质量上来。建立职业院校教学工作诊断与改进制度，就是要建立一种推动职业院校完善持续改进和提高教育教学质量的机制，通过分析质量生成过程，寻找教育教学质量的关键控制点（环节），运用制度、机制、能力、文化、行动等实施控制，让制度运行成为机制，让机制坚持成为能力，让能力升华成为文化，让文化自觉成为行动，从而实现持续提升人才培养质量。

2. 契合职业教育高质量发展的“8字”要求

（1）职业教育需要“提质”

“提质”旨在从结构质量、培养质量和治理质量三个方面，持续推进职业教育的内涵式发展，提高职业教育的办学质量。为此，必须坚持问题导向，加快职业教育体系建设，深化体制改革，加强内涵建设，下定决心解决职业教育自身质量不高、吸引力不强等长期制约其发展的问题。

（2）职业教育需要“培优”

“培优”旨在提高职业教育在学校品牌、地方品牌和国际品牌三个方面的认可度，培育职业教育品牌。为此，必须加强管理创新，并构建起国家宏观管理、省级统筹保障和学校自主实施的推进机制。各有关部门、地方和学校都应该负起各自的责任，通过自主承担任务、驱动推进和契约管理，激发改革活力，协同推进职业教育改革发展。

（3）职业教育需要“增值”

“增值”旨在实现职业教育的学生增值、教育增值和社会增值，提高职业教育的吸引力，增加人才的成长和成才价值。为此，要把“办好公平而有质量的教育”作为奋斗目标，千方百计为全社会提供个性化、多元化、终身化的高质量职业教育和培训，确保人民群众在成长和职业生涯发展的不同阶段都有机会获得必要的技术技能教育和培训，整体提升技术技能人才的获得感、幸福感和荣誉感。

（4）职业教育需要“赋能”

“赋能”旨在让职业教育能够赋能企业、赋能产业、赋能经济，提升职业教育的贡献度。为此，必须紧扣时代经济社会发展的脉搏，着眼于顺应新的发展阶段、完善新的发展理念、形成新的发展格局、增强新的发展动能。必须坚持把高质量供给作为发展的重心，助力中国速度向中国质量转变、制造大国向制造强国跨越。通过这样的方式，使职业教育成为促进经济社会高质量发展所需要的教育。

二、“三教”改革的有效载体

“三教”改革的落地实施离不开相应的载体。“1+X”证书制度对教学内容、课程体系、人才培养方案提出新要求，实质是将职业院校人才培养目标与行业企业要求的职业能力相匹配，协同学历教育与职业技能等级证书，以适应新时代经济社会发展。因此，“1+X”证书试点应作为职业院校“三教”改革的有效载体，成为强化多元育人功能、彰显类型教育特征的重要抓手。

1. 校企合作以突破教学内容陈旧问题，强化多元化育人功能

职业教育教学内容陈旧是人才培养供给侧与行业企业人才需求侧不平衡的根本原因。职业院校所提供的教学内容与企业生产实际相脱节，导致人才培养的就业能力与实际职业能力需求不相符，由此产生人才供需矛盾。为此，推进“三教”改革要狠抓“1+X”证书试点，校企深度融合，形成校企命运共同体，构建产教融合型治理结构，促进教育链、人才链与产业链、创新链衔接，促进教育和产业体系人才、智力、技术、资本、管理等资源要素集聚融合、优势互补，打造支撑教育高质量发展的新引擎。

校企合作开发新型活页式教材，可以突破教学内容陈旧化问题。传统教材开发成本高，出版周期长，更新费用偏高，导致教材内容更新不及时；而新型活页式教材由校企共同编写，装订特殊，便于根据行业企业的新技术、新工艺、新规范进行实时更新、动态调整。教材形式的变化也同时联动教师和教法产生新变化。

2. 序化课程以破解内容组织学科化问题，彰显类型教育特点

职业教育教学内容组织受普通教育影响而囿于学科内部是职业教育特质不突出的主要因素。为此，“1+X”证书试点的实行是在能力本位理念指导下跳出知识的学科化体系，结合企业生产实际活动的工作过程改变教学内容的组织形式，有机融入“X”考证内容，优化课程体系设计，匹配行业企业生产实践要求。

工作手册式教材可以解决教学内容组织学科化问题。传统教材基于学科知识结构，偏重理论知识，生产实际内容薄弱；而工作手册式教材以“做中学”为特征，兼具工作手册和教材的特点，内含简单明了的技术知识、工艺要求等，可以满足工作现场学习所需，充分体现职业教育类型特征。教材变化，教师和教法也应做出相应调整。

3. 应用技术以破解内容呈现静态化问题，体现新时代的特征

传统教材静态化问题是职业教育回应时代发展特征的拦路虎。教材静态化是指教学内容呈现介质局限于纸质，呈现方式二维化，教学内容通常表现为“文字+图片”的静态化特征，难以呈现生产实践场景。为此，“三教”改革的重点是要适应新时代的发展需求，发挥新技术的优势，线上线下相结合构建立体化教学场景。

新形态一体化教材适用于破解教学内容呈现静态化问题。新形态一体化教材可以链接课程标准、授课计划、课件、习题及答案、题库、微课、动画等数字资源，呈现逼真的教学情境。新形态一体化教材在“1+X”证书试点应用中，可以有力提升培训效果及培训质量。为适应新形态一体化教材的新要求，教师和教法也必然要做出相应调整。

1.3 “三教”改革的策略与建议

如何实施“三教”改革，职业院校目前尚无定法，但有共性，这个共性就是促使“三教”改革协同发展，实施路径就是要“打通协同动脉”“优化协同中枢”“聚焦协同驱动力”。实施“三教”改革离不开相应的保障机制，需要调整教学观念、明确改革方向、探寻实施路径、完善运行机制。为此，以下从总体层面提出落实“三教”改革的建议。

一、“三教”改革的实施策略

基于工作过程导向的课程观和行动导向的教学观，“三教”改革的发展要打通协同动脉、优化协同中枢、聚焦协同驱动力，以开创协同发展的新局面。

1. 打通协同动脉：构建产教融合共同体，促进“三教”共生共长

“三教”改革的主动脉是产教融合、校企协同的共生机制的构建，因此要构建“人才共育、过程共管、成果共享、责任共担”的校企共同体，实现校企共商共建、互惠多赢，畅通职业教育人才培养与行业企业人才需求之间的供需

通道。

（1）校企联合培养教师

职业院校要联合企业共同落实教师深入企业实践制度，校企联合培养能改进企业产品工艺、解决生产技术难题的骨干教师。学校要从制度层面支持保障教师定期到企业实践，全面落实周期性的全员教师轮训或实践，促使教师实时追踪技术发展动向，学习行业领域先进技术，全面提升教师实践教学能力和科研技术创新能力。企业要支持行业骨干、能工巧匠作为校内兼职教师，将企业生产实际问题带入学校课堂，同时鼓励其学习教育教学技能，以提升自身教学水平。

（2）校企共同编写教材

职业院校要联合企业捕捉技术和产业升级需求，共同编写内容动态更新的新型活页式教材。学校要编订教材管理办法，选用教材开发和管理团队，制定教材编写流程，与行业龙头企业合作编写新型活页式教材。企业要发挥专业所长，遵循教材管理办法，积极参与新型活页式教材编写，配合学校淘汰教材陈旧内容，适时在教材中融入新技术、新工艺、新规范。

（3）校企携手改革教法

职业院校要携手企业推行基于行动导向的教法改革与应用，以全面推进课堂革命。学校要开展行动导向教学能力专项培训，落实“咨询—决策—计划—实施—评价—改进”的“六步”教学法，着力提高教师行动导向教学法的操作能力。企业要将真实项目带入学校课堂，以项目任务为驱动，以行动为导向，深度参与学校开展的“说课程”“说专业”“说专业群”等活动，更新兼职教师行动导向教学法的教学理念，积极鼓励其应用行动导向教学法。

2. 优化协同中枢：深化工作过程课程改革，促使“三教”鉴机识变

“三教”改革的协同中枢是满足行业企业所需职业能力培养的课程内容。为彰显职业教育的类型特征，需要校企协同推进教育链、人才链与产业链、创新链的衔接和功能整合，遵循“职业岗位调研—典型工作任务分析—行动领域划分—学习领域转化—学习情境设计—教学实施优化”流程开发课程，逐步序化课程内容。

（1）建立结构化教学团队

职业院校联合企业统筹校内专任教师与企业兼职教师资源，基于模块化课程组建教师教学创新团队。学校要充分发挥“1+X”证书试点的示范引领作用，根据实际工作任务需求，聘请行业企业领军人才和大师名匠，组建校企模块化课程教师教学创新团队，开展教研、讨论、科技攻关等活动，合作开发数字教学资源。企业兼职教师要承担教学任务，参与教研活动，积极解决模块化教学中的教学问题，切实深入教学一线，保障教师教学创新团队的建设和成长。

（2）开发工作手册式教材

职业院校要携手企业将生产实际中的典型工作任务融入课程，开发工作手册式教材。学校要以“1+X”证书制度试点为契机，联合行业龙头企业，紧密结合课程开发流程建立学生角色和教师角色的工作单，按模块或学习单元重新设计教材结构和内容。企业要发挥所处生产一线的优势，将企业典型工作任务按照工作程序、技术规范、考证内容纳入课程内容，形成科学合理的新型教材体例结构，与学校携手开发工作手册式教材。

（3）探索模块化教学方法

职业院校要联合企业，根据企业生产实际需求，分工协作、共同探索模块化教学方法。学校要抢抓国家大力发展职业教育的重大机遇，全面推行分工协作的模块化教学方法，实现“课堂即现场、现场即课堂”的教学模式，充分体现学生学习的主体地位，促进理论与实践高度融合。企业要提供真实生产情境，适时调整教学情境中与实际生产不符的内容，在教学实践中大力探索角色扮演法、头脑风暴法、小组探究法、自主学习法等方法，真正做到以学生为本。

3. 聚焦协同驱动力：推进新技术全面应用，促进“三教”提质增效

“三教”改革的协同驱动力是互联网、大数据、云计算、人工智能、区块链等新技术、新产业、新业态的变革与融合。为驱动“三教”改革，需要抓住新技术变革的机遇，推进专业内涵建设。

（1）调整升级教师角色

根据“互联网+职业教育”新要求，职业院校应引入新技术，从硬件环境建设和软件资源布置两方面着手，引导教师由传统课堂的主导者转变为新型课

堂的组织者。学校要积极搭建智慧教学环境，借助新一代信息技术拓展智慧教室功能，引导教师逐步探索“云课堂”“雨课堂”“电子书包”等数字化教学方式，把“一刀切”的教学变成“私人定制”的学习支持，成为学生心智的启迪者和引导者。

（2）开发新形态一体化教材

职业院校要开发新形态一体化教材，将课程标准、授课计划、课件、习题及答案、题库、微课、动画等数字资源与纸质教材链接起来，呈现逼真的教学情境，逐步打造学校特色的优质数字教学资源平台，从而形成线上线下相互支撑的课程资源。

（3）普及混合式教学方法

职业院校要依托智慧教学环境，综合运用人工智能、大数据、虚拟现实等技术，推进“云课堂”“雨课堂”“虚拟课堂”建设，全面打造线上线下混合式智慧课堂，全面推行“互联网+”混合式教学方法，实现教学场景全覆盖、教学过程全记录，课上利于提升学生到课率和抬头率，课下利于进行教学反思与教学诊改。伴随线上线下混合式教学深度和广度的提升，课堂积极性及课堂质量势必得到大幅提升[20]。

二、“三教”改革的保障机制

党的二十大报告在以往实践基础上创造性提出的“职普融通、产教融合、科教融汇”是一体实施科教兴国战略、人才强国战略、创新驱动发展战略的重要契合点，也是努力开辟发展新领域新赛道、不断塑造发展新动能新优势的重要突破口。职业教育作为与经济产业结合最紧密的教育类型，要为教育优先发展、科技自立自强、人才引领驱动做出新的更大贡献，就必须打开视野、拓宽思路，主动与不同教育要素开放重组、与各类产业要素和创新要素互动融合。为了切合“三教”改革的目标要求，职业院校需要调整办学定位、明确改革方向、探寻实施路径、完善保障机制。

1. 依据四个面向，调整办学定位

职业教育的定位应由“以能力为本位、以就业为导向”调整为“面向市场的就业教育、面向能力的实践教育、面向社会的跨界教育、面向人人的终身教

育”。职业教育定位的改变，必然需要教师调整教学观念，对学生不仅要“教其所需”“补其所短”，更重要的是“扬其所长”“应其所变”。

2. 衔接四个链条，明确改革方向

作为与产业深度耦合的职业教育，应当衔接好教育链、产业链、人才链和创新链，实现四链协同、环环相扣、相互支撑。衡量这四个链条是否衔接有效的依据，可以用五个“入”来概括，即职业教育是否“长入”经济、“汇入”生活、“融入”文化、“深入”人心、“进入”议程。四链有效衔接，要求教师与产业、行业、企业“零距离”接触，教材体现产业发展的新技术、新工艺、新规范、新标准，教法遵循人才成长的规律，通过“三教”改革来推动课堂革命。

3. 围绕五个关系，探寻实施路径

职业教育除需要关注产教关系、校企关系外，还需要关注职普关系、师生关系和中外关系。原因在于，在“纵向贯通、横向融通”的职业教育体系中，产教关系确定人才供求，校企关系确定培养机制，职普关系确定人才培养模式，师生关系确定教学方法，中外关系确定培养特色。只有充分把握好这五大关系，才能走好“三教”改革的实践之路。

4. 聚焦五个维度，完善保障机制

职业教育保障机制的主要内容可以概括为：“纵向贯通、横向融通”的衔接体系，“多元办学、产教融合”的办学格局，“德技并修、工学结合”的育人机制，“部门协同、上下联动”的管理体制，“要素完备、运转顺畅”的关键制度。只有从这五个维度做好保障机制，“三教”改革才能不断深入。

三、“三教”改革的实施建议

“三教”改革作为职业教育教学改革最直接、最具体、最落地的方法和举措，近年愈发受到关注和重视。在“双高计划”建设和“提质培优”行动背景下，“三教”改革要更加注重“政、校、行、企”的协同效应，及时将新技术、新工艺、新规范和新标准融入教学内容，推进新技术全面应用，实现与产业发展、时代进步同频共振。

1. 关于教师队伍

实施科教兴国战略、人才强国战略、创新驱动发展战略，必须打造新时代高质量教师队伍。现有的师资队伍改革方案虽有利于提高师资队伍质量，对职业院校发展和人才培养具有积极意义，但部分改革流于形式，缺乏系统性、稳定性和持续性，离真正落到实处还有不少差距。大量采用“建机制、创项目”来带动教师发展，虽有利于营造良好的学习氛围，却易造成教师的“项目依赖症”，缺乏积极性与创新性。此外，由于职业院校自身办学条件、办学规模等局限性，改革力度和深度还不够，师资短缺、教师教学任务重、“双师型”教师偏少、师资结构不合理等问题仍较突出。强教必先强师，为此，需要在教师引入、培训发展、考核评价、待遇保障等方面继续深化改革。

因此，职业院校要坚持党对教师工作的全面领导，加强教师思想政治与师德师风建设；营造尊师重教浓厚氛围，不断提升教师职业吸引力；推进“双师型”教师队伍建设，为职业教育培养“大国工匠”之师，打造一批“能教学授课、能生产实践、能职业培训”的“三能型”教师。

2. 关于教材

教材作为教育目标、理念、内容、方法、规律的集中体现，是教育教学的基本载体和关键支撑，是教育核心竞争力的重要体现。建设高质量教材体系，对于建设高质量教育体系而言，既是应有之义，也是重要的基础和保障。职业院校对于教材的探索研究，大部分是针对某个专业或某一类专业开展的，改革覆盖面较小，对促进整个职业院校教育改革的借鉴意义不太大。此外，教材、课程改革仍存在重理论、轻实践，知识更新慢、配套资源不足，科学的评价标准缺乏等问题。

因此，职业院校要坚持不懈地用习近平新时代中国特色社会主义思想统筹教材建设。职业院校教材要旗帜鲜明地体现党和国家意志，落实立德树人根本任务，引导学生坚定道路自信、理论自信、制度自信、文化自信，成为担当中华民族复兴大任的时代新人。同时，职业院校也要紧密对接国家发展重大战略需求，突出教材“职业性、系统性、创新性”的特点，建立教材逐级审批制度，切实提高教材建设水平，确保教材质量。

3. 关于教学方法

教学方法改革，既要紧扣技术技能人才培养的教学内容，又要注重讲故事、用案例，以小见大、图文并茂，增强情景感、现实感，确保习近平新时代中国特色社会主义思想和党的二十大精神进课堂，发挥铸魂育人实效。随着“互联网+”时代的到来，教学方法正逐渐多元化，但从现有改革来看，仍存在重理论、轻实践、课程内容落后、教学过程枯燥、教学形式单一等问题。

因此，职业院校要结合信息化技术，深化线上线下混合式教学模式改革，继续深化现代学徒制、企业新型学徒制、“课证共生共长”、信息化与教学融合、评价标准等方面的改革，继续创新教学组织模式和教学方法，进一步提高教学质量。

参 考 文 献

[1] 邓泽民. 我国职业教育课程研究 40 年综述[J]. 职教论坛，2019（8）：49-55.

[2] 许爱军. 职业教育“三教”改革的发展逻辑、有效载体与破解路径[J]. 南方职业教育学刊，2021，11（2）：16-22.

[3] 秦华伟，陈光. “双高计划”实施背景下“三教”改革[J]. 中国职业技术教育，2019（33）：35-38.

[4] 许萍，陈少华，李韵，等. 高职校师德师风分层次考核初探[J]. 卫生职业教育，2016，34（19）：17-18.

[5] 罗育彬. 基于医德教育的卫生职业学校师德建设探析[J]. 广东职业技术教育与研究，2016，7（6）：81-84.

[6] 徐伟，颜红，王鑫禹，等. 医药高职院校师德建设现状的调查分析[J]. 医药高职教育与现代护理，2019，2（3）：157-160.

[7] 巴佳慧. 校企“双导师”联动模式下高职院校师资队伍建设研究[J]. 常州信息职业技术学院学报，2019，18（6）：75-78.

[8] 何静，代晓容. 高职院校师资队伍分类分层管理与建设机制研究［J］. 职教论坛，2018，34（10）：72-77.

[9] 黄瀚玉，曾绍伦. 高素质“双师型”教师队伍建设路径与策略：基于政策文本及内容分析[J]. 教育与职业，2019，103（11）：73-79.

[10] 崔发周. 现代学徒制视域下“双师型”教师的科学内涵与培育路径[J]. 教育与职业，2020，104（7）：62-68.

[11] 楼世洲，岑建. 产教融合视角下高职院校“双师型”教师团队建设的创新机制[J]. 职业技术教育，2020，41（3）：6-11.

[12] 杨清华. 供给侧改革背景下高职院校“匠师型”教师队伍建设路径[J]. 文教资料，2020，63（8）：120-122.

[13] 郭福春，王玉龙. 以规范的课程设置推进职业院校教学改革[J]. 中国职业技术教育，2019，27（23）：20-23.

[14] 李宇红，平若媛，孙万军，等. 高职财经商贸类专业上班式课程体系创新与实践[J]. 中国职业技术教育，2016，24（11）：70-74.

[15] 王洪艳. 浅谈现代学徒制背景下高职校本教材新特点[J]. 太原城市职业技术学院学报，2015，17(7)：107-108.

[16] 褚颖. “三教”改革背景下高职院校新形态一体化教材建设探索与实践：以会计专业核心课程教材建设为例

[J]. 中国农业会计，2020，30（4）：45-47.

[17] 倪尔妍. 基于“三教”改革的高职院校人才培养路径研究[J]. 广东轻工职业技术学院学报，2020，19（1）：34-38.

[18] 李吉霞. 创新教法，深化高职英语教学改革[J]. 科教导刊，2019（18）：137-138.

[19] 张红旗. “三教改革”视域下职校生态课堂的诊断与构建[J]. 职教论坛，2020（3）：51-55.

[20] 王成荣，龙洋. 深化“三教”改革提高职业院校人才培养质量[J]. 中国职业技术教育，2019（17）：26-29.

第2章

“三教”改革的建设内涵与实施路径

本章概要

本章围绕“三教”改革的三个内涵——教师、教材、教法分别进行论述。2.1 节和 2.2 节介绍教师队伍建设和现代学徒制企业师傅的培养，阐述职业院校“双师型”教师队伍建设的意义、建设的现状与问题及建设途径；同时，从学校和企业两个视角探索“双师型”教学团队及“企业师傅”的培养路径。2.3 节介绍教材建设，概述了职业院校教材建设现状及发展趋势，并以“新型活页式教材”为例，阐述新时代新形态教材开发需要坚持的四个原则。2.4 节介绍教法改革，以互动式教学法改革为切入点，深入分析教法的变革趋势及应用。

2.1 职业院校“双师型”教师队伍建设

在我国经济步入新常态、产业结构调整升级、技能型人才短缺的背景下，深化产教融合、加强校企合作，已经成为我国职业教育发展的重要内容。“双师型”教师队伍一直是影响职业教育发展的痛点，长期以来受到社会各界的广泛关注。在“三教”改革背景下，发挥产教融合优势，加强“双师型”教师队伍建设，对提升职业教育质量、推动职业教育内涵式发展具有重要意义。

一、职业院校“双师型”教师队伍建设的重要意义

1. 政策导向：国家对职业教育教师队伍建设重点关注

首次明确提出“双师型”教师概念的是《国家教委关于开展建设示范性职业大学工作的通知》(教职〔1995〕15号)。1998年颁布的《面向二十一世纪深化职业教育教学改革的原则意见》，进一步明晰了“双师型”教师的内涵，主要是指职业教育师资，能从事理论教学和实践教学。《中共中央 国务院关于全面深化新时代教师队伍建设改革的意见》(中发〔2018〕4号)中指出“百年大计，教育为本；教育大计，教师为本”，点明教师之于教育、之于国家发展的重要意义。《国家中长期教育改革和发展规划纲要（2010—2020年)》提出了以“双师型”教师为重点，加强职业院校教师队伍建设的总要求。

作为一种需求广泛、功能特定的类型教育，职业教育要实现“提质培优、增值赋能、以质图强”，就必须培养一批政治素质过硬、业务能力精湛、育人水平高超的高素质教师队伍。2020年出台的《职业教育提质培优行动计划(2020—2023年)》中强调要“提升教师‘双师’素质”，要求职业院校将多措并举打造高水平、结构化的“双师型”教学团队作为职业教育发展的重中之重。职业教育“双师型”教师队伍作为影响职业教育发展的关键因素，是教育政策的重点关切对象。

2. 经济驱动：产业结构转型升级推动产教深度融合

随着新技术与传统产业深度融合，新产业、新业态不断涌现，对技术技能

人才的复合化要求越来越高。职业院校受制于专业设置和人才培养方案的滞后，与新业态下的新产业需求形成明显的结构性矛盾。职业院校高校毕业生的就业能力与社会企业需求的职业能力不匹配，导致社会失业率增长。《国务院办公厅关于深化产教融合的若干意见》（国办发〔2017〕95 号）中明确提出：“用 10 年左右时间，教育和产业统筹融合、良性互动的发展格局总体形成，需求导向的人才培养模式健全完善，人才教育供给与产业需求重大结构性矛盾基本解决。”

教师是“三教”改革的根本。为改善技术技能人才供给侧结构性矛盾，职业院校要对标行业企业对高素质技术技能人才的需求，大力培养“双师型”教师，建设一支高水平、结构化的“双师型”教学团队，培养满足新经济发展、新产业变革的复合创新型技术技能人才，有效服务于区域经济社会发展。同时，这也是贯彻落实国家关于产教融合政策的重要体现。

3. 质量关切：职业院校内涵式发展的内生驱动与必然选择

我国职业教育在经过较长一段时间的粗放式规模化发展之后，亟待实现从规模化发展向内涵式发展的阶段性跨越。职业教育的内涵式发展主要依靠人才培养质量提升实现，高水平的职业教育师资队伍是人才培养质量的保障。“双师型”教师队伍水平直接关系到技术技能人才培养的质量水平，同时也是职业院校核心竞争力与内涵式发展的重要表现。只有具备扎实的专业理论基础、丰富的企业实践经验和与时俱进的创新能力的高素质教师，才能够依据行业发展动态调整优化课程内容、改革教学模式、加强教学整改，进而提升教育教学质量。因此，校企协同培养一支政治素质过硬、业务能力精湛、育人水平高超、协作互补的“双师型”教师队伍，是职业院校“三教”改革的迫切需求。

二、职业院校“双师型”教师队伍建设的现状与问题

1. “双师型”教师队伍建设基础薄弱

职业院校教师数量不足、质量不高是“双师型”教师队伍建设基础薄弱的根本原因。一方面，现有职业教育教师多来源于普通高校，“从校门到校门”

的经历使其企业实践经验不足，部分非师范类院校毕业教师，其教育教学理论欠缺、教学经验不足，难以满足“双师型”教师师资认定条件，这是职业院校“双师型”教师数量不足的重要原因。另一方面，职业院校教师学缘结构类似，认定通过的“双师型”教师所掌握的专业理论趋同，同质性明显，质量不高，难以组建互补协作的高质量教师队伍。同时，职业院校教师身担教学、科研、企业实践、社会服务等多重任务，系统学习专业前沿理论知识时间不足，难以建构跨学科融合的知识谱系，综合素质提升难以稳步推进，难以满足现代职业教育的发展需求。

2. “双师型”教师队伍结构有待优化

职业教育“双师型”教师队伍应在年龄、职称、学位、专业、类别、能力等方面有合理的组合和搭配，如既有资历深厚的精英师资能够“传帮带”，又有勤奋好学的青年教师能够引入新的知识和理念，这样才能保障整个教师队伍健康发展。目前，职业院校对于师资培养个性化定制不足，“双师型”教师队伍成员在知识、技能、特长等方面趋同，从行业、企业中引进的工匠型人才数量不足，队伍结构不尽合理，难以发挥教师队伍的“聚集”效应。

3. “双师型”教师队伍建设机制不完善

尽管职业院校积极响应时代召唤和国家号召，如火如荼地推进“双师型”教师队伍建设，但其建设成果不尽如人意，罕见高水平的“双师型”教师队伍。究其原因：其一，国家及地方政府对于“双师型”教师队伍建设的目标导向不明确，统筹督导机制不足，缺乏分层分级的、规范的“双师型”教师标准，缺乏有力的、可持续的重要举措；其二，职业院校“双师型”教师队伍建设起步较晚，相应的管理制度、激励制度、跟踪评价制度没有形成系统规范的机制。

三、职业院校“双师型”教师队伍的建设途径

职业教育强化类型特色、提质培优发展的关键是产教融合、校企合作。职业院校激发办学活力，实现特色发展，有赖于校企协作建设一支高素质“双师型”教师队伍。

1. 引育并举，提升数量，夯实“双师型”教师队伍建设基础

“引进、培育”双管齐下，扩充“双师型”教师队伍。数量是质量的基础保障，扩充“双师型”教师数量有助于加速“双师型”教师队伍建设。拓展引进渠道，对于新进教师的招聘或引进，应以“双师”素质为导向，将“双师”素质纳入岗位能力要求，把关人才学缘结构，优先公开选聘具备企业工作经历的人员作为专业教师。畅通兼职教师的聘用渠道，校企协同，从行业企业聘请能工巧匠、专业技术人才为兼职教师；同时，加强兼职教师管理，建立兼职教师师资库，明确兼职教师聘任及考核要求，加强对兼职教师教育教学方法方面的培训力度，灵活安排兼职教师的教学时间，加大兼职教师承担专业课学时的比例，使兼职教师充分发挥效能，真正成为“双师型”教师队伍中的成员。

加强培育力度：一是校企双方协同宣传鼓舞广大教师申请“双师”素质认定，构建有效激励保障机制，采用精神激励与物质保障相结合的手段，提高“双师型”教师的荣誉与奖励，切实保障广大专业教师转型升级，重视“双师型”教师认定工作；二是学校要加大对“双师型”教师的培训力度，培训经费重点向“双师”素质培养方向倾斜，评优评先中将“双师型”教师相关等级要求纳入教师绩效评价指标体系，为“双师型”教师提供更多的职业发展机会，吸纳更多教师成为“双师型”教师，树立“双师”素质培养风向，切实提升“双师型”教师地位；三是校企共同搭建“双师型”教师沟通桥梁，共同探讨交流人才培养和专业建设；四是校企携手融合资源，根据教师职业成长规律，循序渐进地安排教师培训活动，构建“双师型”教师培育体系，提升“双师型”教师质量，为职业教育改革提供智力保障。

2. 人才引领，严格标准，优化“双师型”教师队伍整体结构

人才引领专业建设，分层分类优化“双师型”教师队伍整体结构，有助于职业院校“双师型”教师队伍建设可持续发展。

首先，遴选“双师型”专业带头人，使其充分发挥“领头羊效应”。为保障职业院校提质培优，要加强专业建设，而专业带头人是专业建设的核心，是专业发展方向的主导者，同时还决定着教师队伍建设整体质量和水平。因此，专业带头人的遴选非常重要。一是从学校遴选政治素质过硬、业务精湛的“双

师型”专业带头人，承担起本专业组织建设任务，有效发挥团队建设中的领军作用；配套系统化的管理保障机制，激励专业带头人保质保量完成“双师型”教师队伍建设的任务。二是“不拘一格降人才”，从行业企业吸纳能工巧匠、专业技术人才成为校内专业带头人，促使企业深度参与职业院校人才培养方案制订、课程设计与开发、教材选用与编制、教法探讨与应用、校内外实习实训基地建设等工作，对专业建设提出针对性、适用性较强的建设性意见。

其次，提升壮大“双师型”教师队伍的骨干力量。在“双师型”教师团队中遴选优秀人才，将其培养成“双师型”教师队伍的中坚力量，鼓励优秀人才下企业、真实操，在实践锻炼中融合理论知识、锤炼实践技能、提升“双师”素质，真正成为专业理论知识扎实、生产实践经验丰富、理实相辅相成的“双师型”骨干教师，为职业院校“双师型”教师队伍的建设和长远发展提供强劲的人才保障。

3. 创新机制，校企共享，加强“双师型”教师队伍制度建设

职业院校“双师型”教师队伍建设的良性运行离不开制度建设的创新与完善。校企双方需秉持共建共享的合作理念，深入开展双方人才资源互通互培，校企互聘互派，协同创新专兼结合的职业院校“双师型”教师队伍建设机制[1]。教育行政管理部门需健全“双师型”教师培训管理规定，鼓励职业院校依托行业企业共建“双师型”教师培养培训基地，扩大培养培训规模，创新培养培训模式，规划专项经费支持职业院校“双师型”教师培养。职业院校要立足自身特色发展，对标产业发展方向，修订“双师型”教师认定标准。

产业发展方向引领“双师型”教师的培育方向，因此，需要进一步明确“双师型”教师的培养目标，建立科学完善的认定标准，将企业实践经历和技术技能水平作为认定指标纳入认定标准体系，鼓励初级教师备考相关职业资格证书，积累行业企业一线实践经验，积极指导学生的专业实践活动，鼓励中高级教师承担行业企业具体项目工作，积极研究解决企业生产实际问题，全面指导学生的专业实践活动，促进实训实践活动的改革创新。

职业院校需结合产业发展方向与需要，对“双师型”教师的培养与发展制定过程监控和结果考核，构建多层次、立体化、全方位绩效考核指标体系，形成能进能出、可上可下的动态管理考核制度，分层分类培养领军人才、骨干人

才和储备力量，保障“双师型”教师队伍的选拔、培养、考核道路畅通，为“双师型”教师队伍发展营造良好的制度环境，从而形成高水平、结构化的团队建设成效[2]。

教师是立教之本，兴教之源。构建“双师型”教师队伍不仅是提高技术技能人才培养质量的重要保障，也是办好人民满意的职业教育的关键和核心，还是职业院校内涵建设的重要组成部分。

2.2 职业院校现代学徒制企业师傅的培养

作为校企合作的关键角色，企业师傅平衡企业正常生产运营与指导学生实践训练两者之间的能力，深刻影响着其校企合作的积极性与主动性。职业院校要充分发挥企业师傅实践经验丰富的优势，大力培养一批“懂技术、会教学”的企业师傅，着力破解职业院校师资数量不足、专业实践能力较弱等难题。

一、企业师傅对于现代学徒制的重要意义

1. 职业教育内涵式发展的需要

作为绵延数千年的古老职业教育形式，“学徒制”被认为是现代职业教育的发端。《不列颠百科全书》对于学徒制的概念阐释为“学徒制是根据一种规定有师徒关系、训练年限和条件的合法契约进行的技艺、职业或手艺训练”，其显著特点是“师傅带徒弟”。现代学徒制的内涵在传统学徒制的基础上结合现代职业教育内涵有了进一步的丰富和发展，被认为是校企深度融合的体现，是职业教育发展历程中的重大改革创新。现代学徒制表现为“学校教师”+“企业师傅”双主体育人的现代人才培养模式，以企业需求为引导，以企业界对劳动力的素质要求倒逼人才培养，有助于推进“专业设置与产业需求对接，课程内容与职业标准对接，教学过程与生产过程对接，毕业证书与职业资格证书对接”，实现招生即招工、入校即入厂、校企联合培养具有行业企业需求的技术技能人才的目标。企业师傅不仅在现代学徒制人才培养中起关键作用，更是推动职业教育内涵发展的核心要素[3]。

2. 企业可持续发展的需求

在“中国制造2025”“创新驱动发展”的国家战略的驱动下，现代企业要加快技术技能积累，激发人才创新潜能，并实现转型升级。传统企业内部技术技能积累与传递主要依赖于企业的“传帮带”制度，企业师傅通过潜移默化的动作行为、言传身教的方式，将自己的知识和技能传授给学生（徒弟）。企业的技术技能积累是技术创新的基础，如果技术技能传递与人才培养主要依赖于企业师傅的传导，那么这将难以满足企业发展和人才储备的需求。因此，现代企业应该与职业院校合作，改革自身的招聘制度和人事管理制度，支持企业师傅进入校园从事教育教学活动，与职业院校联合培养复合型高素质技术技能人才，建立人才储备战略，以保障企业可持续健康发展。

二、企业师傅建设的现状与问题

1. 政策困境：缺少相应制度约束

目前，我国对于企业参与职业教育仅停留在实施指导意见层面，对企业的约束力不足。譬如，《国务院关于加快发展现代职业教育的决定》（国发〔2014〕19号）中要求“完善企业工程技术人员、高技能人才到职业院校担任专兼职教师的相关政策”。《教育部关于开展现代学徒制试点工作的意见》（教职成〔2014〕9号）中要求“合作企业要选拔优秀高技能人才担任师傅，明确师傅的责任和待遇，师傅承担的教学任务应纳入考核，并可享受带徒津贴”等。这些只是相关的政策文件，作为企业参与职业教育的实施依据力度不够，仅对职业院校起到一定的促进作用。尤其是对于企业师傅的选拔，企业师傅的职业能力、资格等级划分标准，企业师傅所能享受的带徒津贴标准等没有做出明确具体的规定，造成“空有政策难落地”的局面[4]。

2. 企业困境：未处于利益主体

基于利益相关者理论，企业会审视与职业院校合作的现代学徒制项目是否符合投资回报均衡。对企业而言，参与现代企业学徒制项目，就要为校方提供一定量的工作岗位和企业师傅。核心工作岗位的出让必然会影响企业正常生产经营效率，同时也存在技术泄露风险。因此，企业倾向于提供基础性的简单劳动岗位，以降低企业成本和经营风险。企业师傅往往处于企业的核心工作岗位，具备较高的技术技能水平，承担着相对重要的生产管理任务。企业师傅参与现代学徒制项目势必会分散工作精力，影响企业正常的生产和管理，从而增加企业的间接成本[2]。此外，地方政府对参与现代学徒制项目的企业的优惠政策不明朗，经费支持不足，企业参与现代学徒制项目的投资与回报并不均衡，导致其参与此项目的动力不足。这就使得校企合作流于形式、浮于表面，无法真正达到现代学徒制预期的学徒培养效果。

3. 学校困境：尚未建立考评机制

在现代学徒制的人才培养中，企业师傅的教学场景和教学实践大多发生在企业内部，专业性较强；而且企业师傅兼具“企业员工”和“兼职教师”双重身份，企业对企业师傅有绝对的约束力。尽管职业院校希望并要求企业师傅发挥真正的育人功能，但受制于人事管理主体不同、时间空间限制等因素，职业院校对企业师傅的约束力较差，对企业师傅的教学质量难以监控和评价。

4. 个人困境：缺乏主动作为意识

现代学徒制不同于传统学徒制中出于双方个人意愿，自愿结为师徒关系，而是因为职业院校和企业的合作被动形成师徒关系，受组织约束。相比而言，在传统学徒制中，师徒感情浓厚，师傅愿意倾囊相授技能，徒弟的培养效果较好。在受组织约束的现代学徒制中，师徒关系相对淡漠，企业师傅的带徒津贴问题也未能较好地解决，其带徒积极性受到影响。加之学生（徒弟）流动性较大，学习时间和精力有限，因此不少企业师傅在教授学生（徒弟）时不愿意尽心传授技能，也较大地影响了学生（徒弟）的培养效果。

三、基于“政校行企”四方联动的企业师傅的建设途径

1. 政府层面：构建企业师傅的保障机制

（1）建立有效的法律制度

职业教育相对成熟完善的德国、英国等国家经验表明，良好的法律制度有利于保障现代学徒制的运行。教育部等六部门联合印发的《现代职业教育体系建设规划（2014—2020年）》中明确提出：“发展工学交替、双元制、学徒制、半工半读、远程教育等各种灵活学习方式的职业教育”，“按照国家有关规定制订国家高技能人才评选标准和办法，选拔出各级各类一线能工巧匠和技术能手，鼓励其在一线岗位建功立业和带徒传承技艺”。接下来，要进一步从国家立法层面保障现代学徒制的有效实施，地方政府应牵头联合教育行政主管部门、职业院校、相关行业企业共同制定企业师傅的认定标准，规范企业师傅待遇补贴标准，建立企业师傅共享机制，为企业师傅主动、深入参与现代学徒制人才培养建立良好的制度环境。

（2）实施积极的财政政策

为提高企业和企业师傅参与现代学徒制项目的积极性，地方政府要对企业进行税收优惠和补贴，降低企业参与现代学徒制项目的直接成本和间接成本。另外，对带徒的企业师傅发放带徒津贴，保障企业师傅的合法权益。如广东省教育厅从2013年开始实施广东省高等职业院校高层次技能型人才吸引计划，省财政对每名纳入资助范围的高层次技能型兼职教师给予一次性资助7万元。《山东省职业院校现代学徒制试点工作实施方案》中提到：“省财政安排经费支持职业院校现代学徒制试点。学校要公开购买实习岗位，按照学徒岗位数量、性质向承担学徒培养的企业进行补助。合作企业每接受1名学徒并经考核达到学徒培养标准，按5000元标准补助企业，其中：3000元用于带学徒师傅的奖励，2000元用于补偿企业的水电、耗材等。”

2. 学校层面：创新企业师傅的聘任机制

（1）改革管理机制，吸引高技术技能人才担任企业师傅

为突破“高技术技能企业师傅聘请难”的问题，职业院校要通过改革校内

管理机制，增大对高技术技能人才担任企业师傅的吸引力。职业院校可采用物质奖励和精神奖励双管齐下的举措。一方面，制定与能力产出挂钩的企业师傅绩效考核制度，根据企业师傅技术技能水平高低制定薪酬标准，根据学徒技术技能掌握情况制定带徒津贴标准。另外，对年度考核优秀的企业师傅再给予奖励，提高企业师傅带徒积极性和职业成就感。另一方面，通过精神激励的方法，如举行“现代学徒制拜师仪式”等，对企业师傅进行广泛宣传，树立企业师傅权威，扩大其社会知名度和影响力，同时增进师徒之间了解，激发学生（徒弟）对技术技能学习的渴望与使命感。

（2）创新培养机制，大力培养具有企业师傅能力的校内“师傅型”师资

职业院校要充分发挥主观能动性，主动联合地方政府、行业、企业，四方联动创新协同育人平台，创新人才培养机制，共同推进“产学研用”协同联盟协同育人[1]。如广铁职院创新体制机制，协同广东省内行业企业建设城市轨道交通技术国家创新中心与ICT创新基地；与广州地铁等联合组建广州轨道交通系统装备安全与智能技术重点实验室，校企联合攻关企业真实项目任务，将校内专业教师逐渐培育成为具备职业岗位技能和实践教学能力的优秀企业师傅，有效缓解企业师傅不足的压力。大力培养具有企业师傅能力的校内“师傅型”师资也必将成为现代学徒制“双导师”建设的发展趋势。

3. 行业层面：强化企业师傅的监管机制

可借鉴德国、英国等现代学徒制实施时间较长、效果显著国家的经验，成立由行业协会牵头的第三方协调监管部门，专门负责与企业协商并监管企业师傅，对学生（徒弟）的培训过程进行监督指导。第三方协调监管部门还可承担企业师傅的教学质量评估任务，建立现代学徒制监控与评价架构，开展形式多样的评估，认证企业师傅资格。

4. 企业层面：制定企业师傅的选拔机制

（1）建立选拔制度，在企业师傅选拔上严格把关

为保证现代学徒制人才培养质量，企业要建立选拔制度，对企业师傅严格把关。区别于传统学徒制单一传授某项技能，现代学徒制中企业师傅要在真实的工作情境和整体化的工作过程中，培养学生（徒弟）在实际工作中解决问题

的综合素质，提升其岗位胜任力。因此，企业在选拔企业师傅时，需要组织校企专家制定科学的选拔标准，要针对产业行业特点综合考量企业师傅的品行操守、操作技能、专业知识等。

（2）建立考评机制，加强考核

企业要建立配套的企业师傅带徒考评和激励机制，多方面、多维度开展考核。为了加强对企业师傅的约束和激励，鼓励企业师傅与学生（徒弟）签订协议，明确企业师傅传授的知识与技能水平程度和学生（徒弟）应掌握的知识与技能等级。同时，企业要成立专门的企业师傅考核小组，按照技能考核细节与标准，对学生（徒弟）的技能掌握情况和企业师傅的实践指导情况进行评定考核，综合考虑技能考核成绩、国家职业资格证书通过率、竞赛获奖等方面。对考核优秀的企业师傅，在企业内评优评先、职位晋升等方面予以优先考虑；对考核不合格的企业师傅，应允许学生（徒弟）更换企业师傅，以此全方位引导企业师傅有效地参与人才培养。

2.3 职业院校教材建设现状及“新型活页式教材”发展探究

教材是人才培养的载体，是学生获取知识的基本途径，是影响人才培养质量的关键因素[5]。《关于推动现代职业教育高质量发展的意见》《国家职业教育改革实施方案》《全国大中小学教材建设规划（2019—2022 年）》《职业院校教材管理办法》等系列文件的出台为我国职业院校教材建设指明了新方向，提出了新要求。

一、职业院校教材建设问题

职业院校教材建设长期受到市场、受教育者、学科发展等多种因素的制约，目前职业院校教材建设存在以下问题。

1. 教材育人功能缺失

当今世界正处于大发展大变革大调整时期，国际环境复杂多变，尤其是经济全球化极大地改变了我国经济、政治、文化和社会面貌。外来文化正强烈冲击我国青少年的世界观、人生观和价值观，要培养担当民族复兴大任的时代新人，教材作为职业教育人才培养的主要载体，对学生正确三观塑造、全面发展起着重要作用，严把意识形态关成为教材建设的当务之急。

2. 教材内容陈旧

以人工智能、大数据、区块链等为代表的新一代信息技术极大地改变了工作的性质，推动了职业更迭，重塑了劳动力市场的需求层次及需求类型，对技能结构单一的技术人才就业带来挑战[6]。我国产业结构转型升级的逐步推进对职业教育的人才培养目标提出了更高的要求。教材改革是人才培养模式和课程体系改革最直接的体现。目前，多数职业院校教材内容陈旧，脱离行业、企业及岗位需求，难以满足人才培养的需要，主要体现在以下两个方面。

一是教材内容职业性、实践性不足。我国职业教育的专业设置及课程内容脱胎于普通本科教育，注重教材内容的学科性和完整性，忽略了职业教育的职业性、实践性等特征，职业教育体系和发展模式不完善。

二是教材内容时效性不足。多数职业院校不能紧跟产业结构转型升级和数字化改造趋势，与行业企业联系不紧密，专业动态调整与行业企业发展需求难以同步，以至于职业教育人才培养模式和课程体系与行业企业需求脱节，职业院校教材动态更新不及时，体现产业发展的新技术、新工艺、新规范、新标准不能及时反映在教材中。

3. 教材服务对象更新

在职业教育发展新形势下，尤其是高职层次扩招和本科层次职业教育的实施，对职业院校教材体系构建提出新挑战、新需求。职业院校生源广泛，尤其是高职层次扩招中新增退役军人、下岗失业人员、农民工和新型职业农民等群体，部分学生基础薄弱、学习时间零散，原有的教材内容和形式难以满足他们的学习需求。同时，2021 年 1 月，教育部办公厅印发《本科层次职业教育专业设置管理办法（试行）》。2021 年 3 月，教育部印发《职业教育专业目录（2021 年）》，其中设置了 247 个高等职业教育本科专业，本科层次职业院校专业设置管理的国家制度基本建立。2021 年 4 月，全国职业教育大会召开，会上传达了习近平总书记对职业教育工作做出的重要指示，其中明确提出“稳步发展职业本科教育”，职业本科教育的大力发展对职业院校教材体系提出了全新的挑战。

有鉴于此，推进职业教育教材改革已是当务之急。活页式教材有助于推进教学内容适应“新技术、新工艺、新规范”的快速发展，其内容组织遵循职业能力成长规律，服务师生“做中教、做中学”。因此，在“三教”改革背景下，活页式教材开发的研究与实践有重要现实意义。

二、职业院校活页式教材建设现状分析

教材作为人才培养的载体，是教育质量保障的基本要素。2020 年 1 月，教育部颁布了《职业院校教材管理办法》（以下简称《办法》），标志着我国职业院校教材建设进入了规范化发展的阶段。《办法》重点规范了职业院校教材的编写工作，其中提出“倡导开发活页式、工作手册式新形态教材”。2020 年 9 月，教育部等九部门联合印发的《职业教育提质培优行动计划（2020—2023 年）》中要求“根据职业学校学生特点创新教材形态，推行科学严谨、深入浅出、图文并茂、形式多样的活页式、工作手册式、融媒体教材”。

探索“新型活页式教材”建设路径的前提，是厘清“新型活页式教材”的内涵和建设框架。

1. “新型活页式教材”的内涵

“新型活页式教材”是指教学上所需要使用的内容与材料，可以随意分合未装订成册的书籍、簿本、纸张，且以一种新的款式或者类型呈现。“新型活页式教材”不仅是学术性词语，同时也是政策性词语，具有政策的目标、任务与导向。因此，从政策上解读更有利于把握其特征与内涵。

“新型活页式教材”有两个最核心的特征：

一是“新”。《国家职业教育改革实施方案》中明确提出要坚持以习近平新时代中国特色社会主义思想为指导，落实好立德树人根本任务。“立德树人、育人导向”是职业教育之根本，也是职业教育教材之根本，在教材中落实“立德树人”根本任务，结合自身特点有机融入习近平新时代中国特色社会主义思

想的相关内容为“第一新”。培养高素质、复合型技术技能人才是《国家职业教育改革实施方案》中的要求，而“高素质”“复合型”体现了创新意识与创新精神的内涵，“创新意识与精神的培养”为“第二新”。现代职业教育最基本的理念是“以学生为中心”，作为人才培养载体的教材同样需要贯彻这一理念。因此，将教师教学的“教材”转变为学生学习的“学材”，此为“第三新”。

二是“活”。坚持知行合一、工学结合。校企深度合作共同制订人才培养方案，及时纳入新技术、新工艺、新规范、新标准，这是对职业教育教学内容与教材内容提出的新要求，此为“第一活”。“新型活页式教材”一般配套信息化资源，教材内容可随信息技术发展及时动态更新，“现代信息技术的融入”为“第二活”。“活页式”是教材（学材）的装订形式，可用于学生进行学习记录、补充与拓展学习内容等，并且教师也可以根据产业结构转型升级情况及时增加、减少、修改教学内容，活页的装订形式为“第三活”。

从政策角度看，“新型活页式教材”的内涵可以概括为以立德树人为根本任务，坚持育人导向，及时纳入新技术、新工艺、新规范、新标准等新内容，依托信息技术开发信息化资源并动态更新，融入创新教育，以灵活的模块组合与装订形式呈现出适合学生学习的“学材”[7]。

2. “新型活页式教材”的建设框架

从“新型活页式教材”的内涵出发，可以构建“新型活页式教材”的建设框架。在“新型活页式教材”建设过程中，立德树人的根本任务和以学生为中心的基本理念贯彻教材建设全过程，充分发挥教材育人功能；活页式结构与形式是教材呈现的载体，是教材建设的基础；校企“双元”合作开发，及时纳入行业企业新内容是教材建设的关键元素；与教学内容相配套的信息化资源、信息化技术与手段是教材信息化建设的技术支撑；创新教育是教材建设的重要内容。“新型活页式教材”的建设框架既是对其内涵特征的总结，也是其建设路径的依托[8]。

三、职业教育“新型活页式教材”建设路径

1. 坚持立德树人根本任务，发挥教材育人功能

教材是全面落实立德树人根本任务、培育时代新人的重要载体，体现着一个国家、一个民族的价值体系，代表着国家对教育的基本要求，是教师教学、学生学习的重要工具。教材建设是职业院校强化内涵建设、提高人才培养质量、推动教育高质量发展的关键抓手。因此，职业教育教材建设应坚持立德树人根本任务，发挥教材育人功能。

第一，加强顶层设计，将习近平新时代中国特色社会主义思想有机融入新型活页式教材。基于职业教育的类型地位及经济社会发展需求，整体设计职业院校教材体系，对学生的世界观、人生观、价值观进行正确引导。

第二，在制定教材建设框架过程中，不仅需要体现专业知识与技能，而且要主动梳理课程教材中蕴含的思政教育元素，深度挖掘职业院校公共基础课及专业课程中的思政教育资源，形成教材思政教育的主线，将思政教育主线融入教材内容及其他资料编写的全过程，形成知识、技能、思政融为一体的教材内容体系，实现教材的全过程育人。

第三，职业教育人才培养最终面向的是行业企业，因此，教材必须融入职业观念、职业素养与专业素质。

2. 坚持以学生为主体，培养学生创新能力

职业教育生源广泛、基础薄弱，因此，在“新型活页式教材”开发建设过程中，职业院校要根据人才培养模式多样化的特点，充分考虑学情，编写学习难度适中、语言适宜、适应未来经济社会发展的教材。

第一，突出学生主体地位。教材开发及编排过程应目标清晰、重难点突出。教材内容的选用及编排要符合学生认知特点和人才成长规律，循序渐进，由易到难。另外，教材编写应以建构主义理论为指导，坚持以学生为中心，通过任务、项目、情境等将知识与技能结合，学生通过基础性练习与拓展性活动，可以在知识习得与技能训练“反复推演”的过程中收获成长。

第二，关注学生创新能力培养。职业教育教材内容选择不仅要注重学生知

识与技能的培养，满足学生共性与个性化需求，适应学生的知识水平、认知能力与专业能力，同时还要关注学生未来职业发展所需的方法能力与社会能力。

3. 坚持校企“双元”合作开发，凸显教材职业特征

《国家职业教育改革实施方案》《中华人民共和国职业教育法》都明确了职业教育是类型教育，为职业教育发展指明了方向。因此，职业教育教材应是“类型教材”，应在编写方式、体例设计、内容选择上体现职业性和实用性。产教融合、校企合作推动职业院校教材体系完善是职业院校教材建设的未来发展趋势，应做好以下三个方面的工作。

第一，整合学科与职业新体系。首先，确定教材的基本单元，以专业能力为基础，将基础理论知识和技术实践知识有机结合，充分发挥职业教育教材的优势。其次，改变教材的组织方式，由传统“章—节”式的组织形式转变为“项目—任务—能力”的组织形式，将知识与技能整合。最后，改进教材的组织逻辑。现代职业教育课堂发生了变化，越来越重视德技兼修。因此，职业教育教材的组织逻辑应与现代职业教育课堂相匹配，以确保教材在课堂中的重要地位。

第二，重构单元与模块新体例。“新型活页式教材”的“活”体现在新技术、新工艺、新规范、新标准的及时纳入，将教材内容化“整”为“零”，同时不破坏教学内容的完整性、系统性、科学性。“新型活页式教材”的开发，需要保证活页式教材内容结构化、模块化，按照学习过程即工作过程、教学内容即工作内容的思想，根据产业发展和职业岗位对人才的需求进行模块化教学设计。模块是系统最小单元，具有不可分割性；模块本身是一个完整的整体，整体之间又相互独立，组合灵活且遵循特定逻辑。

第三，融入行业企业新动态。职业教育作为类型教育，最重要的特征就是面向职业岗位，培养职业能力。因此，职业教育教材内容要动态反映产业、行业、企业的新技术、新工艺、新规范、新标准。首先，教材编写团队可由职业院校教师、企业专家共同组成，企业专家引入新技术、新工艺、新规范、新标准，职业院校教师将企业技术、案例转变为具有可操作性、适用性的技能和典型案例。其次，教材融入“X”证书考核内容。“X”证书考核内容由产业最具代表性、最具权威性的企业、行业组织以及学校共同开发，代表着该领域最新

的发展动态、最全面的岗位知识与技能，能够适应产业结构转型升级需要，保证学生未来就业与职业发展的可持续性。最后，学生的职业技能、岗位适应能力最终需要得到行业企业的认可，因此，在教材中还应该适当引入企业评价，这样既能保证评价体系的科学性、层次性和完整性，也能提前获取学生职业能力的情况，有利于学校、教师及时调整教学内容，提升高素质技术技能人才的培养质量。

2.4 职业院校教法改革的实施路径——以互动式教学法为例

经济社会高质量发展对高素质技术技能人才的迫切需求，让职业院校加快深化教育教学改革、提升人才培养质量成为必然趋势。如何深化产教融合、加强实践教学，使学生从简单的模仿转向复杂的知识建构，从被动式学习转为主动式创造，从而提升学生的专业能力和综合素养，成为亟待解决的问题，而互动式教学法不失为一种良好的选择[9]。

一、互动式教学法的定义、类型和优势

1. 互动式教学法的定义

互动式教学就是通过营造多边互动的教学环境，在教学双方平等交流探讨的过程中，达到不同观点的碰撞交融，进而激发教学双方的主动性和探索性，以提高教学效果的一种教学方式。这种方法主题明确、条理清楚、探讨深入，能充分调动学生的积极性、创造性。但缺点是组织难度大，学生所提问题的深度和广度具有不可控制性，往往会影响教学进程。

互动式教学是当代教育民主化在教学方法改革方面的重要体现。互动式教学意指在一定的教学情境中，教学参与者以主体的身份遵循一定的规则、规范——这些规则、规范是参与者双方共同接受、共同认可而达成统一性、一致性和普遍性，进行教学领域中的物质的、精神的交换和传导的活动。在互动过程中，包括物与非物的、言语与非言语的、理解与解释、领悟与说明等环节和

方面。由于双方都是有意识的、能动的交换或传递者，都以积极主动的状态参与活动过程，从而决定了互动不是单向反馈的过程，而是呈现一种双向的对话和沟通。它要求互动双方介入、沉浸于其中，是一种活生生的过程，而非一种僵死的、无生气的、具有强制性的过程。

互动式教学是相对于传统教学而言的，其主要特征在于教学过程中的“沟通”与“对话”。在教学理念上，传统教学看重的是经过教学后学生的成绩，而互动式教学则着重于教学过程中“教了什么”和“学会了什么”，是一种提倡师生交流的教学指导思想。在教学方式上，传统教学往往是教师“一言堂”“满堂灌”，而互动式教学强调师生及学生互相之间开展讨论、交流和沟通。在师生关系上，互动式教学也区别于传统教学，师生关系、教学关系不再是单向的，而是多向的、互动的；学生在教学活动中从单纯接受者的角色转变为学习过程的主体，从“要我学”到“我要学”，从接受式学习改变为发现学习、探究学习，从而激发自身的创新观念和创新欲望，激发创新兴趣，培养创新能力。总之，互动式教学反映了教学过程中教与学的交互、反馈和融合，使得教学过程成为一个协调的整体，是一个对话的过程、理解的过程、创新能力形成的过程。

2. 互动式教学法的类型

（1）主题探讨互动式教学法

主题是主题探讨互动式教学法的“导火线”，教学双方围绕主题展开互动，有利于达成教学目的。一般程序为抛出主题—提出主题中的问题—思考讨论问题—寻找答案—归纳总结。主题探讨互动式教学法能充分调动学员的积极性、创造性，但组织难度大。

（2）归纳问题互动式教学法

归纳问题互动式教学法是在课前针对教学目的、教学重难点归纳互动问题。一般程序为在教学开始时，教师一一向学生抛出互动问题，学生通过广泛思辨、争论，最后达到了解熟悉所学内容的目的，同时开阔思路。归纳问题互动式教学法能充分调动学生的积极性、创造性，但要求教师必须充分备课。

（3）精选案例互动式教学法

精选案例互动式教学法是运用多媒体等手法呈现精选个案，请学生利用已有知识尝试提出解决方案，勘校正误，设置悬念，然后抓住重点、热点做深入分析，最后上升为理论知识。一般程序为案例解说—尝试解决—设置悬念—理论学习—剖析方案。精选案例互动式教学法的优点是直观具体、生动形象、环环相扣、对错分明、印象深刻、气氛活跃；缺点是理论性学习不够系统深刻，典型个案选择难度较大，课堂知识容量较小。

（4）多维思辨互动式教学法

多维思辨互动式教学法是把现有定论和解决问题的经验方法提供给学生，让学生指出优劣并加以完善，还可以有意设置正反两方，在争论中寻找最优答案。一般程序为解说原理—分析优劣—发展理论。多维思辨互动式教学法的优点是课堂气氛热烈，分析问题深刻，自由度较大，但要求教师必须充分了解学生掌握的基础知识和理论水平，并能对新情况、新问题、新思路具有较高的分析把握能力。

3. 互动式教学法的优势

互动式教学法具有以下几个方面的优势。

1）互动式教学法易于激发学生的学习兴趣，满足培养高素质技术技能人才的需要。运用互动式教学法，教师精心设计好互动式课堂，让学生在互动学习过程中自主参与，可以大大激发学生的学习兴趣，同时学生的主体地位得到了体现，他们有了参与感和成就感，可以更好地激发自身的潜能，进行更深入的学习和探索。

2）互动式教学法易于培养学生的创新意识和创新能力。在互动式课堂中，学生的意识被不断激发，通过自身能动的参与来激发自己学习的内生动力，有助于创新精神与创新能力的培养。

3）互动式课堂教学的设计，对教师的综合能力提出更高的要求。实施互动式课堂教学，也能促进教师自身能力的不断提高[10]。

4）互动式教学法运用现代信息技术来提高学习效率。引入现代信息技术，将音频、动画、视频、场景仿真模拟等引入互动式课堂教学中，从而形成立体式教学氛围，充分利用学生的每一个感官进行全方位的学习，使其身临其境、自我感受，这样可以让学生更快、更轻松、更全面、印象更深刻地接受知识，习得技能，提高学习效率。

二、互动式课堂教学的质量保障

1. 互动式课堂教学质量控制的重要性

教学质量关系着一个学校的生存和发展，是教育事业的生命线。在互动式课堂教学中，学生已经成为课堂的主体，如果教学质量控制不好，实施互动式课堂教学可能会起到反作用[11]。

2. 影响互动式课堂教学质量的主要因素

在互动式课堂教学中，影响教学质量的因素，既有教师方面的，也有学生方面的。

（1）教师自身综合能力不够

互动式课程教学的组织难度大，学生所提问题的深度和广度具有不可控性，教学进程不容易掌控，这就对教师综合能力提出更高的要求。教师不但要有过硬的专业技术能力，还要具备很好地启发学生与引导学生、掌控驾驭课程的教学能力。教师在任何一个方面存在不足，都会影响互动式课堂的教学质量。

（2）学生参与度不够

教师在实施互动式课堂教学时，部分学生可能由于课前缺乏预习或自信心不足等原因，参与度不高，这就很难激发其全面的、整体的互动式课堂活力，影响其学习效果。

三、互动式课堂教学的实施

运用互动式教学法可以营造轻松活泼的课堂气氛，构建立体化的课堂环境，是提高教学质量和教学水平的重要途径。但是，现在的课程内容非常丰富，而每门课程开设的课时又非常有限，怎样在有限的课时中，既能够让学生更多地参与到课堂的互动中来，又能够完成教学任务呢？此时，“扩展教学内容，提高教学效率”就显得非常重要。

1. 通过优化教学方法来提高教学效率

使用恰当的教学方法是提高教学质量的前提，互动式教学法可以通过整合多种教学方法来实现。在互动式课堂教学中，可以沿着“设计项目—创设项目情境—项目前期导学—开展项目活动—项目成果评价”的路径实施项目式教学，也可将大型项目划分为任务，实施任务式教学。在教学过程中，可以采用小组探究法、头脑风暴法等教学组织方法，全面促进学生职业综合能力的培养。

2. 通过精心备课来提高教学效率

教师要运用好互动式教学法并充分提高学生的学习效率，就必须提前把握课堂，对课堂教学的每一环节预先进行设计，在备课中狠下功夫。教师只有精心备好课，才能充分调控好课堂，充分发挥出“互动”的特色。

3. 利用信息技术来提高教学效率

在互动式课堂教学中，可以采用直播和录播技术，配合线上微课和人工智能助教，开展线上线下一体化教学，显著提升教学的服务半径。

将人工智能、大数据、虚拟现实等技术引入互动式课堂教学中，实现“课堂即现场、现场即课堂”，重点解决实训教学中“进不去、看不见、动不了、难再现”的难题，推动课堂革命。

利用人工智能+大数据个性化学习平台开展教学。在专业教学资源库的基础上，分析学生的学习规律、思维类型、情感偏好等，结合教育规律和习得规律，制订学生个性化的成长教育方案，实现因材施教；探索“机器人辅助教学”方法等，将机器人引入实践教学基地，辅助教师进行技能操作的演示与规范操作辅导，提升实践教学效果。

总之，职业院校作为培育高素质技术技能人才的“摇篮”，必须深化“三教”改革，推动工学结合、校企合作、“产学研”深度融合，促进教育链、人才链与产业链、创新链有效衔接，以多样化的教法改革来夯实职业院校人才培养的基础，彰显职业院校人才培养的特色，进而为国家经济社会发展做好人才储备工作。

参考文献

[1] 陈爽. 基于协同育人视角的中国特色现代学徒制探析[J].中国职业技术教育，2015（30）：76-79.

[2] 欧阳斌，易利英. 现代学徒制下“双导师”选拔和培育机制研究[J]. 职业教育研究，2016（2）：64-67.

[3] 崔丽莉，陈明昆. 试点现代学徒制，“师傅”从何处寻[J]. 决策探索（下半月），2016（3）：53-54.

[4] 潘伟洪，江建敏. 论现代学徒制下的师傅型师资队伍建设与管理[J]. 广州职业教育论坛，2015，14（3）：16-20.

[5] 徐国庆. 职业教育教材设计的三维理论[J]. 华东师范大学学报（教育科学版），2015，33（2）：41-48.

[6] 唐鸣. 融合视角下职业教育数字教材建设[J]. 当代职业教育，2021（2）：105-112.

[7] 余国江. 课程模块化：地方本科院校课程转型的路径探索[J]. 中国高教研究，2014（11）：99-102.

[8] 黄河，杨明鄂，旷庆祥. 职业教育“新型活页式教材”的内涵及建设路径[J]. 教育与职业，2021（2）：99-103.

[9] 张士刚. 互动式教学方法在现代教学中的新研究[J]. 发明与创新（职业教育），2019（7）：50-51.

[10] 党倩. 高职计算机“互联网+”在线互动式教学模式分析：基于就业导向视角[J]. 陕西教育（高教），2018（9）：62, 64.

[11] 白雪梅，武刚. 高职课堂的师生互动与教学研究[J]. 才智，2018（23）：182.

第 3 章

“三教”改革的实施平台与协同机制

本章概要

搭建“三教”改革的实施平台与协同机制，需要坚持以职普融通为关键点，为学生提供多样化教育选择；坚持以产教融合为突破口，促进产业链与教育链供给匹配；坚持以科教融汇为新方向，服务创新驱动战略。本章首先分析从校企合作到产教融合的演进过程，梳理产教融合的内涵与特征，进而探索校企共同体的建设。这条主线折射出职业院校校企合作“从弱到强、从松散到紧密”的典型特征，凸显出提升人才培养和产业需求发展之间的契合度、提升职业教育适应性和贡献度的必要性和紧迫性。然后，以利益相关者、共生理论为指导，从管理机制、保障机制、运行机制等方面深入分析职业教育教学资源共享机制、教学资源共生机制。最后以轨道交通行业为例，介绍职业教育服务行业应用的对策。

3.1 职业教育从校企合作到产教融合的演进过程

自 1978 年职业教育在国内生根发芽以来，校企合作、工学结合一直被视为职业教育办学的核心。早在 2006 年，《教育部关于全面提高高等职业教育教学质量的若干意见》（教高〔2006〕16 号）中提出“把工学结合作为高等职业教育人才培养模式改革的重要切入点”。随后，职业教育校企合作不断发展升级，在广度上逐渐从人才培养扩展到技术研发、社会服务、资源共享等方面，在深度上逐渐从单一性的项目合作扩展到体系化、契约化的机制合作，进而逐渐跨入产教融合阶段。

产教融合是“三教”改革实施的重要手段。从历史发展的视角总结和分析校企合作到产教融合的发展历程，有助于全面了解“三教”改革在不同发展阶段的不同使命，进而把握“三教”改革的连续性和系统性。

一、校企合作与产教融合的异同

1. 校企合作是产教融合的初始形态

客观而言，产业与教育是两个不同的主体，或者是一种主从关系。在产教融合中，教育的目的是通过有效服务产业发展而体现以人为本的价值观。从这个意义上看，教育是为产业发展服务的，服务的切入点是多元化的校企合作。只有当校企合作具备内涵全维性、链条整体性、机制长效性、调整有机性等特点，才能自然步入产教融合的阶段。因此，从时间维度来看，校企合作是产教融合的开端，产教融合是校企合作发展到一定程度和水平的必然状态。

2. 产教融合与校企合作的包含关系

一个完整的产业链由上游、中游和下游的若干不同企业支撑，教育链是包含学校、政府、行业、企业、社会等具有教育职能的，多方参与的一个集合。不同形式的校企合作都可以作为产教融合的一个元素，在广度上“产教”相对于“校企”是一种包含关系，“融合”与“合作”是各自的实现方式，多个校企合作元素的有机组合就形成了产教融合的基本框架。因此，产教融合与校企合作是一种包含与被包含的关系。

3. 产教融合更加体系化

校企合作是学校和企业为了某一个或多个共同利益而开展的共同活动，实施主体仍然是两个独立的合作主体。产教融合是产业链与教育链相互融合、共生发展的结果。理想的产教融合应当是这两个主体相生相嵌、自然形成的有机主体。因此，相对于校企合作而言，产教融合更能体现教育与产业衔接的深度和紧密性，其合作机制也更加系统化。

二、从校企合作到产教融合的发展历程

1. 人才培养：从工学结合到协同育人

我国职业教育经过40多年的改革与实践，在教学改革方面取得巨大成就，逐渐形成了符合中国实际的改革经验，凝练了具有中国特色的人才培养模式。这个人才培养模式大体经历了模仿借鉴、改革探索、定型完善等发展阶段，逐渐从单一的工学结合向多元化的产教融合方向发展。具体表现在如下几个方面。

一是在人才培养规格方面，逐渐从用人需求导向朝制定行业标准、推进人才培养规格的标准化方向发展。

二是在人才培养目标规格方面，逐渐从知识、能力、素质三维目标体系向融合工匠精神、文化素养、爱国情怀的多元目标体系发展。

三是在课程建设方面，先后经历了精品课程、网络课程、开放课程、慕课等课程建设阶段，逐渐从课程标准向专业教学标准发展。

四是在教学资源建设方面，逐渐从零散的课件、专题课程网站、教材建设向“能学辅教”的系统化教学资源库发展。

五是在招生就业方面，结合人才培养模式改革，逐渐从定向培养、订单培养向“招生即招工、实习即就业”的现代学徒制人才培养发展。

六是在专业建设领域，逐渐从专业单一化向专业集群化特色发展。

纵观职业院校从工学结合到产教融合的发展，主要体现出如下三大特色。

一是系统化趋势。不是单一孤立地探索人才培养的某个要素，而是从总体层面进行系统探索。

二是多元化趋势。不是单一地在某个领域进行探索，而是在多个领域全面实践，并结合不同产业的特色形成不同的模式。

三是标准化趋势。不是杂乱无序地进行建设，而是在人才培养目标、培养方案、课程体系、教学组织模式、教学方法手段、教学资源、实习实训条件等方面，逐渐形成相对固定的标准，人才培养从“摸着石头过河”逐渐走向标准化建设。

2. 服务贡献：从零散发展到系统定位，从快速增长到部分提升

长期以来，我国职业教育把社会服务作为自身的主要职能，但职业教育起步晚、师资力量与基本条件薄弱，在发展前期主要将改革重点放在人才培养方面，社会服务能力一直呈缓慢提升趋势。

2006 年，教育部和财政部启动了“国家示范性高等职业院校建设计划”，将增强社会服务能力作为主要建设任务，提出技术开发与服务、职业技能培训、转移农村劳动力服务、对口支援与交流等五个服务职能，突出多元发展与和谐共进。2010 年，教育部启动“国家骨干高等职业院校建设计划”，将社会服务能力建设作为五大建设任务之一，并重点突出高技能和新技术培训、技术创新和研发、多样化继续教育等三项内容，重点突出服务区域发展能力。2014～2015 年，《国务院关于加快发展现代职业教育的决定》（国发〔2014〕19 号）、《高等职业教育创新发展行动计划（2015—2018 年）》相继出台，均对职业院校提出了社会服务能力提升的要求，并重点强调了职业院校技术技能积累与产业结构转型升级衔接，以及对中国产业技术发展、国际化发展的支撑作用，逐渐将职业教育的社会服务能力定位于支撑“中国制造 2025”“一带一路”等重大战略和倡议的宏观层面，职业院校的科研与社会服务能力逐渐成为产业技术发展的助推器。

从《2018 中国高等职业教育质量年度报告》可以看出，入选“服务贡献 50 强”的职业院校，其横向技术服务、纵向科研服务和非学历培训到款额这三项指标，与上一年度相比分别增长 49%、75%和 93%，服务贡献增速可观，体现出职业教育与产业发展需求逐渐逼近，并有走向融合发展的趋势。但报告

也显示，各职业院校服务贡献差距较大，反映出职业院校在服务贡献领域的个体差异、区域差异和重视程度差异，职业院校在服务贡献领域与产教融合仍有较大差距。

三、“三教”改革背景下推进产教融合的必要性与可行性

1. 职业教育推进产教融合符合经济社会发展需求

职业教育的人才培养目标在于培养高素质技术技能人才，这就决定了职业教育的人才培养必须把握行业企业在用人结构、质量、水平等方面的需求变化。同时，职业教育是高等教育的一个类型，除了人才培养外，还有社会服务、文化传承等功能。因此，职业教育必须基于自身特色，在人才培养模式改革、应用技术研发、工匠精神传承等方面全面融入产业发展。

2. 职业教育推进产教融合具有强有力的政策保障

近年来，我国对职业教育的重视程度逐渐增强，在产教融合政策上国家和地方政府给予了极大的支持。2017 年 12 月 19 日，《国务院办公厅关于深化产教融合的若干意见》（国办发〔2017〕95 号）中提出，要深化产教融合，促进教育链、人才链与产业链、创新链有机衔接。2019 年 2 月 23 日，中共中央办公厅、国务院办公厅印发《加快推进教育现代化实施方案（2018—2022 年）》，将深化职业教育产教融合作为 10 个重点任务之一。

各地方政府纷纷出台推进职业教育产教融合的举措和试点改革方案。例如，广东省出台《广东省人民政府办公厅关于深化产教融合的实施意见》，从教育和产业统筹融合发展、学科专业与产业需求精准对接、产教协同育人、产教融合师资队伍建设、招生考试配套改革、教育“放管服”改革、发挥企业的重要主体作用、产教协同创新、平台载体建设、粤港澳大湾区产教融合发展、产教融合建设试点、政策支持体系等 12 个方面提出了推进产教融合的具体措施；江苏省颁布关于深化产教融合的实施意见、山东省出台《山东省人民政府办公厅关于深化产教融合推动新旧动能转换的实施意见》，从规划引导、机制建设、发挥企业的重要主体作用、人才培养、载体平台建设、政策支持保障等方面提出了推进产教融合的具体措施。相关政策的出台为职业教育推进产教融

合提供了方向指导和政策支持，有效保障了产教融合的顺利推进。

3. 职业教育整体发展已达到推进产教融合的水平

中国职业教育经历了从规模发展到内涵提升，从同质化提升到特色建设，从多元模式探索到标准化发展的过程，基本办学条件逐渐完善，校企合作内涵不断拓展，人才培养模式不断创新，体制机制建设蓄积了经验，整体水平大幅提升，逐渐形成了职业教育特有的办学特色。对于推进产教融合而言，职业教育具备了资源、理念、经验、政策等基本条件，其整体发展已达到推进产教融合的水平。

职业教育坚持从校企合作、工学结合再到产教融合的协同发展之路，这是职业教育发展的必然选择，这条路径也会随着国家经济社会发展需求的变化不断调整。未来一段时间，在国家产业结构调整升级和信息化发展大背景下，产教融合的模式仍会不断探索完善，职业教育在产教融合视域下的内涵拓展、机制创新、平台搭建、路径探索等方面仍需要在适应中变革、在变革中完善、在完善中提升。

3.2 职业教育产教融合的内涵与特征

分析产教融合的内涵与特征，首先要厘清产业及其发展特点、教育及其发展特点，进而阐述职业教育推进产教融合的优势、不足与核心内涵。在此基础上，从专业群与产业群的融合、体制机制的系统化、全维度资源共享、多领域共生发展等角度，提出“三教”改革背景下职业教育产教融合的主要特征。

一、产业、教育特点及产教融合的概念

1. 产业及其发展的特点

产业是指由利益相互联系的、具有不同分工的、由各个相关行业企业所组成的业态总称[1]。同一产业内的各种行业企业不尽相同，一般围绕同一或

者同类产品而相互关联，形成闭环的产业链条。近年来，产业集群发展成为我国产业发展的一种趋势，在产业链中以某一企业为主导，协同上游或下游企业优化分工、降低成本、整合技术、提升质量，以提升整个产业的发展效率和产业整体竞争力，实现产业的协同发展。当今产业发展具有两个特性：一是需要复合型人才，同一产业由多个行业企业组成，需要众多不同专业人才甚至需要复合型专业人才；二是核心技术创新驱动产业发展。从这两个方面来看，教育在人才培养、社会服务方面对产业发展起到很好的支撑和促进作用。

2. 教育及其发展的特点

关于教育的定义有较多观点，如美国的杜威和中国的陶行知均把教育和生活视为等同，孔子把教育和人口、财富作为立国的三大要素等。在中外教育史上，尽管对于教育的解说各不相同，但存在一个共同点，即把教育看作是培养人的活动[2]。产教融合中的教育是从经济社会需求视角看待的教育，是基于人的认知的一种培养活动，这种教育的发展方向受控于经济社会发展对人类掌握知识技能的诉求。当前我国教育的重要作用是培养经济社会发展需要的适用人才，而产业发展是当前经济发展的关键所在，因此教育与产业发展之间逐渐形成了一种内在的关联性关系，教育特别是职业教育在人才培养、社会服务等领域已逐渐成为相关产业链中的关键一环。

3. 产教融合的概念

“产”和“教”是两个名词：“产”是指产业，“教”是指教育。“融合”是一个动词：物理意义上指几种不同的事物合成一体；心理意义上指不同个体或不同群体在一定的碰撞或接触之后，认知、情感或态度倾向融为一体[3]。因此，产教融合可定义为：将产业和教育两个本相互独立的主体，以共同的价值理念和相互通融的发展目标为支撑，通过对各自固有发展模式的有机“溶解”，将二者融为一体，实现共生发展。

二、职业教育推进产教融合的优势、不足与核心内涵

1. 职业教育推进产教融合的优势

职业教育推进产教融合具有三方面优势：一是需求优势，职业教育人才培养目标是培养高素质技术技能人才，这就决定了职业教育的人才培养和行业企业在用人结构、质量、水平等方面的需求紧密对接，从人才培养环节来看，职业教育自身定位就与产业发展需求相对接；二是经验优势，职业教育近年来不断推进校企合作、工学结合的人才培养模式改革，并以合作办学、合作育人、合作就业、合作发展为理念[4]，为推进产教融合积累了经验；三是开放优势，职业教育一直秉持开放办学理念，在招生、就业、专业设置等方面具有灵活、便捷、随动的特点，更容易以自身的灵活变化来适应产业需求的变化。

2. 职业教育推进产教融合的不足

近年来，职业教育在人才培养、社会服务等领域不断拓展了校企合作的内涵，逐渐形成了相对紧密的校企合作体制机制。但总体而言，校企合作还处于多元化尝试与探索阶段，距离产教融合还存在较大差距。在深度上，职业教育仍以单一性的合作为主，例如在人才培养方面，尚未将工学结合育人内化为模式化和长期化的育人机制；在广度上，职业教育尚未在人才培养、社会服务等领域平衡推进产教融合。因此，职业教育需要在系统性和科学性上继续探索整体推进产教融合的经验。

3. 职业教育产教融合的核心内涵

基于经济社会发展的需求及教育与产业的发展特点，职业教育产教融合应包括以下核心内涵：一是在人才培养领域，做到用人标准与培养标准的融合、培养过程与工作情境的融合、教学内容与工作内容的融合、招生与招工的融合、毕业与就业的融合、教师与师傅的融合、学生与学徒的融合等；二是在社会服务领域，实现从零散技术服务到产业协同创新的融合、从技能培训到员工终身教育体系的融合；三是在资源共享领域，实现学校与行业企业在资金、设备、人力、智力上的全面融合；四是创建和完善支撑产教融合的运行机制，实现各

利益相关者在管理保障上的融合。

三、“三教”改革背景下职业教育产教融合的主要特征

1. 专业集群与产业集群的融合性衔接

职业教育的人才培养定位在培养产业需求的高素质技术技能人才，因此对接产业设专业一直都是职业教育专业设置和专业建设与发展的基本定位[5]。随着创新驱动发展战略的推进和智能制造、物联网技术的发展，我国的产业体系在不断变革，逐渐从独立性的企业向链条性的产业体系推进，从单一的产业向多元化产业协同，再向以核心企业为支撑的产业集群发展。对于职业院校而言，其专业建设的定位也必须打破学科界限，对接产业链条的不断演变和产业集群发展，推动专业的集群发展。因此，职业院校是否达到产教融合的状态，首先要从专业建设着手进行考量，专业集群与产业集群的衔接性与融合性是判断职业院校产教融合程度的基本特征。

2. “政校行企”合作体制机制的系统化构建

在职业教育推进校企合作、工学结合阶段，校企合作体制机制的建设往往围绕单一性的合作目标而构建，例如在院校顶层探索理事会、董事会等议事组织，宏观统筹院校发展；在专业层面建设专业教学指导委员会，协同推进人才培养模式改革、人才培养方案制订等[6]。这些合作组织、制度、协议等往往关联性不足，未经过系统化设计，因此难以通过相互间的有效衔接真正为推进产教融合起到驱动指引和保驾护航的作用。

职业教育的产教融合在合作体制机制上应具备以下三个特点：一是合作主体的多元化，应包括“政校行企”等主要的利益相关者；二是体制机制的多层设计，必须从宏观的导向到中观的平台再到微观的实施均具有有效的机构、制度和契约，实现各领域的合作机制的全覆盖；三是相关体制机制的系统化融合，从管理层到执行层的体制机制应具有科学化的设计，应首先对学校、二级院系、专业及教师等层面的与产业对接的点与责权进行合理区分，明确不同层面合作机制建设的范围。职业院校“政校行企”合作体制机制建设的系统性与科学性判断是产教融合程度的典型特征。

3. 人、财、物、智的全维度资源共享

“政校行企”在人力、财力、物力和智力的共享是职业教育推进产教融合的必然趋势。如果说专业集群与产业集群的对接解决的是职业院校产教融合的方向问题，系统化的合作体制机制解决的是保障问题，那么“政校行企”在教育中的投入及相关投入的有机融合才是最终解决产教融合的落地问题。在人力投入上，应以校企为主体，共同打造“双师型”教师队伍，政府在高层次人才引进、兼职教师聘任等方面，应以职业院校需求为核心出台适应的人才引育政策；在财力和物力投入上，必须打破以政府和学校投入为主的状况，行业企业需要从产业发展的长远目标出发，树立责任意识，制订教育投入计划，政府需要在税收、资产共享等方面落实鼓励行业企业参与教育投入的政策；在智力投入上，应在人才培养、社会服务等领域落实行业指导、校企双主体的智力融合机制，使职业院校紧跟产业技术发展的步伐并做出应有的贡献。

4. “产学研培”的协同共生发展

职业教育产教融合内涵的拓展是产教融合深度与广度的具体体现。职业教育多年来一直推进校企合作、工学结合的人才培养模式改革，将人才培养作为职业院校校企合作的核心内涵，近年来随着创新驱动发展行动计划的实施，逐渐重视面向行业企业的技术服务和社会培训，这也是职业教育从传统的校企合作发展到产教融合必然拓展的合作领域。产教融合的内涵决定了产业和教育需要共生发展，职业教育应结合产业在人才培育、协同创新、技能积累等方面的需求，实现“产学研培”多领域的协同与融合，最终实现共生发展。

随着国家经济社会发展特别是产业集群发展和技术升级的需要，产教融合发展成为教育未来发展的必由之路。职业院校在经历了多年的校企合作与工学结合发展之后，在人才培养、社会服务等方面积累了较多经验，但在各领域合作的深度、广度方面还存在诸多不足，距离产教融合还有较大差距。职业教育进一步推进产教融合发展，需要从产业发展需求出发，进一步剖析产教融合的内涵，分解产教融合的核心特征，寻求符合职业教育发展的产教融合模式和路径，实现教育与产业的协同共生发展。

3.3 职业院校校企共同体建设研究

校企合作是职业院校实现内涵式发展的基本途径。然而，多年来校企合作在制度上、运行上都出现了一些问题，诸如职业教育法律法规不健全、校企之间“合而不作”等，影响着校企深度融合。当今社会新一轮科技革命和产业变革风起云涌，一方是发展迅猛、转型成功、迫切希望参与人才培养的生命力旺盛的企业；另一方是通过“三教”改革实现内涵发展的职业院校。如何找到两者的利益结合点，进而解决困扰校企合作多年的瓶颈问题，是当前职业教育所面临的重大热点、难点问题，而职业院校校企共同体建设可以说是一个有效途径。

一、校企共同体的内涵及特征

《国家中长期教育改革与发展规划纲要（2010—2020）》中提出：“调动行业企业的积极性。建立健全政府主导、行业指导、企业参与的办学机制，制定促进校企合作办学法规，推进校企合作制度化。鼓励行业组织、企业举办职业学校。”[7]可见，必须建立一种以合作办学为机制、以合作育人为模式、以合作就业为目标、以合作发展为动力的校企利益共同体，探索实现校企深度合作，放大、倍增、传递双方的共同利益。校企共同体正是在这种背景下应运而生的一种新型校企合作模式。综合相关文献，对校企共同体的内涵及特征阐述较为全面的是叶鉴铭和周小海的《试论“校企共同体”的共同因素及其特征》一文。该文章提出：校企共同体是政府、院校和企业三方以合作共赢为基础，以协议形式缔约建设的相互开放、相互依存、相互促进的利益实体，是校企合作的新型组织形式，其特点是共同愿景、共构组织、共同建设、共同管理、共享成果、共担风险[8]。

二、校企共同体构建的实践

广铁职院原隶属于广州铁路集团，依托行业企业合作育人得天独厚，有 40 多年校企合作的历史，形成了院校发展与轨道交通建设同步、办学与轨道交通企业合作、人才培养与轨道交通行业一体、就业与轨道交通类职业岗位群相连的办学优势，校企合作办学经验丰富。自移交广州市政府管理以来，广铁职院充分发挥行业背景深厚和政府支持重视的双重优势，坚持“借外力壮实力、联企业强内涵”的发展思路，通过国家骨干高职院校建设，国家优质专科高等职业院校、广东省一流高职院校建设，全力推进建立一个“职教集团”、推进两个“共建”和组建三个“合作学院”的“123”工程，建立政府投资管理、行业指导合作、企业主动参与、学校强化育人的动态平衡治理格局，形成了人才共育、过程共管、成果共享、责任共担的紧密型合作办学校企共同体。

1. “政校行企”四方联动，组建职教集团

移交转制以来，广铁职院坚持“分家”不“分离”，继续坚持服务轨道交通产业链的方向不动摇，坚持校企合作、开放办学的思路不动摇，不断整合与拓展行业资源、企业资源、校友资源，联合广铁集团等130家行业企业，牵头组建了广州工业交通职业教育集团（以下简称“职教集团”）。学校实行理事会制，制定了理事会章程，设理事会、常务理事会和秘书处，理事单位已达174个，涵盖了广州市教育局、花都区政府等政府部门，广州铁路集团、广州地铁、深圳地铁、东莞地铁、福州地铁等大型企事业单位以及广东省铁道学会等行业协会。常务理事由广州市教育局、广州铁路集团、广州地铁、学校等单位领导组成。理事会下设专业与实训基地建设、“产学研”合作与培训、招生与就业工作及师资队伍建设四个专门委员会，统筹协调具体合作项目，打通了政府、学校、行业企业间的对接渠道，成为“校企合作办学、工学结合育人”改革发展中的重要平台与依托。

2. “政校行企”紧密合作，共建合作学院

依托职教集团成员单位，以城市轨道交通车辆、电气化铁道技术、城市轨道交通运营管理三个轨道交通类专业为主体，按照“1+*N*”组合模式，联合广州铁路集团车辆段、广州火车站、广州地铁培训学院和北京紫光测控有限公司等企业组建了电气化、机车司机和现代运输三个合作学院。合作学院实行院务委员会管理机制，设院长1人，副院长*N*人（由合作企业出任），校企双主

体管理合作学院的各项事宜。按照人才共育、过程共管、成果共享、责任共担的原则，确立了教学链、产业链和利益链“三链融合”的合作办学主线，深化专业建设、人才培养模式改革、兼职教师聘用、实习实训基地共建共享、顶岗实习和就业、职工培训和技术服务等校企合作内涵，形成了人才培养方案共建、教学过程共担、实训基地共建、师资队伍共育、教学资源共建、学生考核共评的人才共育机制，将与行业企业的偶发性、单一性合作上升为契约化、制度化合作。合作学院的建立，实现了合作育人从单一化向多元化转变，合作就业从被动向主动转变，合作发展从解决目前问题向着眼未来发展转变，合作办学从松散型合作模式向紧密型合作模式转变。

3. “政校行企”深度融合，实践校企合作育人新格局

各专业以职教集团及合作学院成员企业为主要服务对象，联合行业企业组建专业指导委员会。校企共同制订和实施人才培养方案，共同承担教学和生产教学任务，形成双主体育人长效机制，全面实现教学过程与生产过程、教学人员与生产人员、教学管理与生产管理、教学效果与生产效果的对接。广铁职院铁道供电技术专业联合广州供电段广州地铁、中铁建电气化局集团第四工程有限公司和北京紫光测控有限公司四个企业共建电气化合作学院，依托电气化合作学院打造学校和企业两个育人平台。学校联合合作企业成立企业冠名订单班，90%的学生进入订单班学习，企业主动作为，深度融入订单培养的各个环节，形成校企共同推进订单班人才培养的长效机制，深化“项目导向、能力递进”的订单人才培养模式改革。

4. “政校行企”协同运行，形成校企互利共赢长效机制

在创新合作学院的运行载体方面，广铁职院建立了29个专业教师企业工作站、31个双师工作室等校企联络点，将教育教学效果与校企声誉融为一体，夯实了工学结合的基础，解决了体制上的动力问题，落实了校企“双主体”负责人制，实现了“生产性实训、大赛培育、技术研发、教师技能提升”等功能，形成了校企联合培养人才的长效机制[9]。专业教师企业工作站、双师工作室现已成为学校人才培养模式改革的“桥头堡”、人员岗位互聘的“联络处”、信息共享的“交换机”，实现了校企深度合作、无缝对接，做到了双方的要求不错

位、不滞后，工学不脱节。同时，专业依托合作学院，在校内建立生产性实训基地、在企业创建“教学工区”，通过实施校内外双阶段顶岗实习、构建安全管理体系和完善顶岗实习管理办法，构建了校企一体实施顶岗实习的长效运行机制。以顶岗实习为切入点创新了实践教学的长效机制，校企共同破解高安全风险岗位人才培养的难题，为区域轨道交通行业的核心岗位输送了大批优秀人才，实现了专业与区域行业企业的协同发展。

三、校企共同体良性运行的对策思考

1. 政策引导，优化校企合作环境

目前，校企合作最大的障碍就是企业对校企合作的热情度不高。企业服务学校以利益为先，当企业的利益得不到保障时，必然不愿参与到教育中来。因此，政府层面应做好对企业参与校企合作的政策引导。

从德国、澳大利亚、日本等职业教育发达国家的经验来看，均是政府层面制定相应的法律、法规和支持政策，鼓励行业企业参与高技术技能人才培养，积极开展校企合作、创新办学体制机制。德国政府规定参与职业教育的企业可以获得国家最高100%的经费补助，企业在参与职业教育过程中的费用可计入生产成本，给予减税或计入产品价格以回收成本等方式，大大激发了企业参与职业教育的积极性。鉴于此，政府需要根据全国职业教育大会精神和《中华人民共和国职业教育法》，制定诸如职业教育校企合作促进条例、校企共同体管理办法、校企合作办学效益分配制度等校企合作实施办法，明确规定参加校企合作是行业企业应尽的责任和义务，促进校企合作制度化。更为重要的是，要保证企业在校企合作中的利益，对积极参与校企合作的企业给予一定的政策优惠，如制定税收减免、贷款优化等政策鼓励企业主动参与，逐步完善职业教育发展的法律环境，形成支撑职业教育发展的法律体系，为职业教育校企合作提供法律保障和政策支持。

2. 建构定制，理顺校企合作关系

校企共同体内基本上是成员单位的简单集合，校企之间的人、财、物及法人资格相对独立，正如国内大多数职教集团一样，没有形成集约合力，成员之

间没有实质性的捆绑和约束，造成校企之间的各项资源难以集中调配共享。

因此，要进一步理顺校企共同体的内部关系，建立合理的组织架构，完善理事会管理制度，规范内部管理，切实开展实质性的校企合作。可以将有密切合作关系的规模企业作为校企共同体的常务理事单位，校企双方通过合作办学，逐步推进校企深度融合；同时，将在实习实训场所、员工培训、顶岗实习、毕业生就业等方面有协作关系的行业协会、企业作为理事单位，采用半紧密层的管理方式。当校企共同体发展成熟后，还可以利用现代企业股份制管理模式，实施股份制运作，真正在共同体内部形成利益相关的联合体。

3. 互动融合，建立校企运行保障机制

校企共同体的功能绝不是企业和职业院校二者功能的简单相加，而是校企双方相互影响、相互作用、相互转化表现出来的系统整体性功能。目前，大多数职业院校开展校企合作是源于学校求生存、求发展的自身需求和国家政策层面的相关要求，主动却又盲目地向企业寻求合作关系，校企合作的质量和长效运行机制难以维持。因此，在政府政策导向的基础上，校企双方还要建立校企互动融合的运行机制，包括建立目标一致的动力机制、校企双赢的利益驱动机制、优势互补的选择机制、科学合理的评价机制等，在双方地位平等的基础上建立校企共同体，并以企业取得一定的预期收益为目标进行合作。同时，制定校企共同体合作评价指标，将其纳入学校教学质量保障体系。对校企共同体的具体实施进行科学评价，通过评价不断改进，形成良性循环，使学校与企业共生共荣，促进和推动校企共同体的可持续发展[10]。

3.4 职业教育教学资源共生机制研究——以广州科教城为例

职教园区是我国职业教育集约化发展的重要产物，它既是职业院校的空间聚集，更是教学资源的整合集聚，其建设初衷是为增强职业教育领域各利益主体间的共生协同性和资源共享性，实现教学资源的共生共享共融。

在教育投入有限和教育办学空间不足的情况下，院校之间组成集群，实现

教学资源开放共享是降低教育成本、提高办学效益的最佳途径。职教园区的兴起正是现代职业教育集约化发展、教学资源集聚配置的重要产物。纵观各地职教园区的建设与运行现状，教育办学空间扩大带来的教学成效显而易见。但是，简单的办学空间扩大并不足以实现职教园区提高办学规模效益的终极功能，只有通过职教园区内各教育子系统协同共生、资源共建共享，才能最终实现办学效益最大化，保证职教园区的可持续发展。共生理论便是研究职业教育利益相关多元主体通过相互作用、协同进化实现互惠共生的有力工具。运用共生理论来重新审视职教园区各子系统运作的内部规律，有助于有效解决各子系统间教学资源共享的核心问题，更好地指导职教园区的建设与运行。

一、教学资源的内涵

在中国期刊网以“教学资源”为关键词进行文献检索发现，关于教学资源内涵的研究主要包括两个方面。一是教学资源的定义。贾让成等[11]将可直接在教学活动过程中使用的资源称为教学资源，如教室、实验设备、教师、图书等，而将为教学活动所服务的、起到辅助作用的资源称为非教学资源，如校园环境、公共设施、公共服务体系等。二是教学资源的划分。绝大部分学者认为教学资源通常包括硬件资源和软件资源，如何洪涛[12]认为硬件资源主要包括教学活动过程中的硬件设备和教学服务平台，软件资源包括课程体系、教师队伍、信息平台和科研项目等；贺婷[13]认为体育场、实训室、教室等属于硬件资源，教师、精品课程、特色专业、教学管理、科研项目成果等属于软件资源；苏丹[14]认为硬件资源包括课室、实训实验场地、设备仪器、图书资源、运动场地、多媒体设备等；软件资源以师资为核心，主要包括师资力量、校园文化、管理制度、教风与学风等。优质软件资源的共享是教学资源深度共享的体现，是提高职教园区聚集效益的根本。

二、职教园区与协同共生的理论阐释

1. 职教园区

在职业教育快速发展的今天，经常能从专家学者的论文和报告中看到“职教城”“高职园区”“职教园区”“教育园区”“教育城”等字眼。国外并没有职教园区等相关概念，在国内《教育大辞典》中，最相关的应是“大学城”，其内涵是指“围绕大学建立的社区，人口一般在 5 万～10 万，为大学生提供良好的学习环境和便利的食宿、交通等条件，为高等教育提供生存、发展的适时的、充足的物质与精神资源”[15]。借鉴“大学城”的概念，职教园区可以定义为：围绕职业教育建立的园区，即指在政府主导下，在行业或企业、学校等多方利益主体的参与下，把多所中、高等职业院校、企业和科研院所等集中在一个区域内，形成职业教育集约化、规模化、产业化发展的，充分发挥群体优势、规模效应的现代化职业教育体系和社会服务功能的有机集合实体。

2. 协同

“协同”一词来自古希腊语，其本义为协和、协作，它是指元素对元素的相干能力，表现了元素在整体发展运行过程中协调与合作的性质。职教园区内的协同即指园区内的政府、职业院校、企业、科研院所等参与主体围绕各自既定的目标，投入不同的要素，通过非线性的人流、物流、信息流、能量流、事件流的相互作用，产生“耦合互动、协同共生”，实现优势互补和资源共享，达到整个联盟利益的最大化，产生 1+1+1+1>4 的非线性效应[16]。

3. 共生

“共生”一词在英文或希腊文中的字面意义是“共同”和“生活”。这一概念起源于生物学，德国真菌学家德贝里 1879 年提出的“共生”是指“不同种属的生物按照某种物质联系生活在一起”，其本质是共同进化、共同发展、共同适应[17]。职教园区的“共生”是指园区内的政府、职业院校、企业、科研院所等参与主体，在特定的环境下，通过相互竞争、相互促进，不断优化内部结构、创新功能，进行良性互动，各子系统协同发展，最终共同达成高质量教育均衡的状态。

4. 三者的关系

共生关系是生物双方互相提供生存帮助，共同适应复杂多变环境的相互关系，其本质是协同与合作。职教园区是一个由政府、职业院校、企业、科研院所等子系统组成的总系统，各子系统在特定的环境下相互交互、融合、生成、转化，实现人才、信息、资源的流动与共享。园区内各参与主体之间的共享机制反映的就是一种共生关系，园区的协同发展就是协同共生关系建立、协同共生系统运行和协同共生模式形成的结果。协同共生理论是一种研究系统内各子系统之间协同与共生的关系，以达到系统整体协同与发展的理论。因此，运用协同共生理论来指导职教园区的建设具有较强的适用性与兼容性。

三、职教园区教学资源共享现状分析

1. 教学资源共享动力不足，共生理念不清晰

职教园区的构建是为了促使各参与主体投入优势资源和能量，有效聚集资源要素，实现集约化发展。目前，职教园区最核心的问题是教学资源没有真正实现共生共享。究其原因，在于各参与主体对共享理念的理解存在偏差，对资源共生共享的本质及共享意识把握不够，对资源的“独立”与“共享”关系处理不当。

首先，职教园区内最重要的共生单元（中、高等职业院校）仍是按传统体制下的不同部门管理，享受的制度和政策不统一，使得各参与主体间的“黏合度”“融合度”“协同度”偏低，各参与主体长期以来以占有教学资源来强化自身地位和优势，资源共享意识淡薄，缺乏共享的内驱动力。其次，中、高等职业院校在办学层次和办学实力上存在明显差异，资源优势各不相同，如高等职业院校掌握的教学资源可能优于中等职业院校，国家重点职业院校掌握的教学资源优于普通职业院校等，资源本身的不对称、不平衡造成了各参与主体之间资源共享的外驱动力严重不足。

2. 教学资源共享制度欠缺，共生机制不健全

硬件资源为教育提供基础支持，软件资源为教育提供内涵支撑。要实现教学资源的深度共享，其核心在于诸如师资、课程等优质软件资源的共享，这是提高职教园区聚集效益的根本。从目前各地职教园区教学资源共享的现状来看，职教园区内各参与主体之间的硬件资源实现了一定程度的共享。但由于职教园区内统筹管理机构不完善，管理协调机制不健全，优质师资、优质课程、学分转换等关键制度尚未建立，因此教学资源共享的层次及程度较浅，共享的

载体和内容较为单一，给教学资源的共享带来了实质性的障碍。

四、职教园区教学资源共享的协同共生系统构建

共生理论指出，共生关系是共生单元在一定环境中按照某种共生模式形成的关系，是复杂种群之间的物质、信息、能量交换及共生模式、共生环境之间的相互作用，它包括四个要素，即共生单元、共生界面、共生环境和共生模式。职教园区教学资源共享也是各参与主体之间对教学资源的需求和外部力量相互作用的结果，鉴于此，职教园区教学资源共享的共生系统也应由共生单元、共生界面、共生环境和共生模式四个要素构成。

1. 共生单元

共生单元是指构成共生体或共生关系的基本能量生产和交换单位，是形成共生体的基本物质条件[18]。各共生单元本身是相互独立区别的，它们在协同共生关系中相互需求，相互作用。职教园区的协同共生单元是指政府、企业、职业院校、科研院所等参与主体，是为寻求最佳的资源优化配置效率而相互之间存在共生关系的基本单位。各共生单元通过物质、信息、资金和知识等要素资源的相互交流联系，将各自有限资源的竞争发展转化为资源集群的协同共生，实现教学资源的合作共享，达到规模效益和人才培养的共同目标。

2. 共生界面

共生界面是指共生单元之间传递信息、物质或能量的载体和媒介，是共生单元之间接触方式和机制的总和。它是共生关系形成、稳定发展的基础，是决定共生系统效率和稳定性的核心要素。在职教园区的协同共生系统中，共生界面可分为有介质界面和无介质界面：有介质界面是保障园区内教学资源共享的硬件设施共享平台，如师资共享中心、“一体化”课程资源共享平台等；无介质界面是共生关系形成和发展的内在动力，表现为职教园区的协调管理部门、教学资源联合管理机构等组织的良好运行。它们共同构成了协同共生系统的共生界面，直接影响着园区内参与主体之间教学资源共享的效果和共生关系的发展。

3. 共生环境

共生单元以外的所有因素的总和构成共生环境。职教园区的共生环境是指对职教园区各参与主体有重大影响的各种有形、无形因素的总和。在协同共生系统中，作为共生单元的各参与主体之间的共生关系离不开职教园区外部保障环境和内部运行环境的支持。外部保障环境如政府出台的宏观政策和经费支持等具体政策，是教学资源共享的前提条件；内部运行环境如师资互聘、课程共享、学分互认的教学环境，是教育资源共享的运行基础。只有不断建设和完善与之相匹配的内外部共生环境，才能保障教学资源共享的顺利进行。

4. 共生模式

共生模式是指共生单元相互作用或相互结合的方式，包括行为模式和组织模式两方面。共生模式的形成需要共生界面来维系，通过共生界面将共生单元牢牢地联系在一起，形成共生关系。职教园区内各参与主体为了实现共同目标，在利益共享和责任共担的前提下，通过共生界面的作用，探索形成一种互惠互利的共生模式，推动职教园区由低层次向高层次发展。

共生系统处于一个动态变化的过程中，它通过共生单元的整合、共生界面的运行、共生环境的刺激、共生模式的构建来实现职教园区内教学资源的共享。

五、“三教”改革背景下广州科教城教学资源共享的基本策略

为突破广州市职业教育的发展瓶颈，打造国际一流教育聚集区及南方职业教育高地，广州市政府于 2012 年底制定了广州科技教育城（以下简称“广州科教城”）建设方案，规划 24 所院校（6 所高等职业院校、12 所中等职业院校、6 所技工院校）和广州市高技能人才公共实训鉴定基地，按照“优势学科专业相近、中高职衔接、资源共享、开放办学”的原则组团入驻广州科教城（2019 年 11 月 29 日，第一期项目 13 所院校迁建工程建设项目全面动工，标志着广州科教城取得实质性推进）。方案提出“以职业教育为特点，组织城校融合的功能组团布局”，每个组团以一个高职带两到三个中职，为学生晋升预留上升通道，也为未来整合形成职业大学提供空间。在这种关键时刻，学习借鉴全国

职教园区资源共享与集约发展的成功经验，尤为必要。全国典范职教园区——常州职业教育园区（以下简称“常州科教城”）是首批国家职业教育改革发展综合试验区，于 2003 年投入使用，是全国首个以职业教育为显著特色的高教园区，也是全国唯一一个将科技园区、教育园区和产业孵化园区融合在一起的空间集聚区。它按照“统一规划、资源共享，集约发展、集群发展”的思路，经过近 20 年建设，首创出资源跨界“共建、共管、共享”新机制，探索了产教融合、“校、所、企”协同育人的新路径，形成了“政府主导、产教融合、协同育人”的职业教育经验。常州科教城的建设思路、建设目标与广州科教城十分契合，总结借鉴其经验，有助于促进广州科教城更好地推进资源共建共享，实现集约发展。

1. 理性选择共生单元，正确树立共享意识

职业院校是共生系统中基本的共生单元。在入住职教园区的职业院校选择方面，要坚持人才培养与专业特征、社会需求、产业发展以及经济形势相适应的原则。例如，广州科教城根据广州区域经济发展现状和十大支柱产业之轨道交通、汽车、现代物流的发展需求，根据专业群进行布局，选择广铁职院带动广州市交通高级技工学校、广州市交通运输职业学校等作为轨道交通板块组团入驻[19]。

共生单元要在保持相对独立的基础上，逐渐增强资源共享意识，打开校际间的封闭壁垒，改变内部管理方式，建立多方参与、优势互补的协同共生平台，为教学资源共享敞开“大门”。

2. 科学优化共生界面，强化建设共享体系

职教园区作为一种全新的教育发展模式，必须打破传统管理体制，建立科学有效的组织结构体系和资源共享交流平台，保障园区教学资源共享的良好运行。广州市政府应牵头组建广州科教城教学资源共享管理委员会，委员会成员由各参与主体的领导组成。在委员会的指导下，按照“共享、开放、流动”的建设理念，打破原有各院校对师资的人事管理权，园区内跨单位的人才聘用采取流动不调动的方式，构建师资共享中心；利用现代教育技术，共同建立相互衔接、沟通顺畅的职教园区“一体化”资源共享平台，通过该平台促进优质课

程、实训室、图书等各项教学资源的开放共享，以最大限度地满足师生教育学习的需求。

3. 正向营造共生环境，健全完善共享机制

采取人人建设、人人共享的模式，优化以专业交叉融合为导向的教学资源配置方式，整合各校现有资源，在协同的基础上进行诸如优质师资的互聘共享、课程的共建共享、跨校学分互认等多方位的创新，构建开放、高效的教学资源共建共享机制。职教园区管理委员会牵头制定相关资源共享的政策，引导各职业院校参与制定园区教学资源共享的制度，如“教师互聘制度”“课程互选制度”“学分互认制度”“资源整合与共享管理制度”等。教师互聘制度是职教园区共生系统良好运行的外部保障，学分互认制度是职教园区各院校课程资源共享的内在前提，这一点在大学城或职教园区的建设实践中已得到充分验证。首先，广州科教城教学资源共享管理委员会应率先制定师资互聘方面的文件，如广州科教城教师互聘和管理办法，为广州科教城教师互聘共享提供制度保障。其次，广州科教城中的各职业院校层次不一致，全面实施学分互认十分困难，可先从选修课程开始试点，逐步过渡到全面推开，由教学资源共享管理委员会制定广州科教城课程互选、学分互认实施办法等，确定学分互认方式，制定评价标准一致的课程评价体系，以保证学分互认的可行性。在此基础上，各职业院校建立起更深层次的课程互认协商与合作机制，确保教学资源共享不再是一句口号。共生环境越完善，教学资源协同共享水平和层次就越高，对共生单元的激励作用也越明显。

4. 创新构建共生模式，协同提升共享效能

共生单元开展能量交换必然以一定的共生模式维系，共生模式反映了共生单元之间作用的方式和强度。职教园区内各共生单元为了实现自身的预期目标和职教园区的总目标，必须通过共生模式把共生单元分散的诉求、利益、资源整合起来，使共生系统能够稳定运行，最终形成互惠共生的关系。各共生单元在竞争和利益冲突的前提下，强调通过利益共享和义务共担，以资源共享平台为共生界面，采取全方位的合作，探索各方的共存共享、互惠共赢，从而获得各共生单元独自无法达到的整体最大效益，达到共生系统运行的理

想状态和目标。

按照发展阶段，共生模式主要有四种：点共生模式、间歇共生模式、连续共生模式和一体化共生模式。在共生一体化阶段，共生单元之间的物质、资源、信息流通都基于共生体内循环，各共生单元之间基于要素融合而形成多边交流机制，共生关系稳定，具有较强的进化性和互惠性[20]。无数职教园区的实践证明，最理想的共生模式即是一体化共生模式。因此，广州科教城应坚持“共建、共生、共享、共融”的原则，引导各参与主体互动协同，吸引各参与主体投入优势资源，促进共生要素的交互融合，构建一体化的共生模式，最终形成以市场需求为导向、以持续发展为动力、以资源共享为核心的协同共生系统，确保合作各方互惠共生效能的提升。

3.5 职业教育服务行业应用对策——以轨道交通行业为例

《广东省人民政府关于创建现代职业教育综合改革试点省的意见》中提出，要坚持产教融合、校企合作，大力提升人才培养质量，并将办学水平和服务能力明显提升作为三大目标之一，提出职业院校成为技术技能人才配置、产业新技术创新积累、促进高质量就业的主阵地。2019 年 1 月国务院颁布的《国家职业教育改革实施方案》中明确提出“厚植企业承担职业教育责任的社会环境，推动职业院校和行业企业形成命运共同体”，旨在大幅提升职业教育人才培养和产业需求发展之间的契合度，提升职业教育质量。

珠三角地区轨道交通线路类型多、线路长、技术先进，在广州市强力打造“三大战略枢纽”和“一小时生活圈”的大背景下，轨道交通产业的进一步发展面临新的挑战，在人才支撑、技术研发与应用、管理与服务等领域会不断产生新的需求。因此，轨道交通类职业教育要适应经济社会发展需求，应首先从深入了解产业发展需求着手，开展深入调研，在人才培养、技术开发与应用、社会服务等领域进行具有适应性、前瞻性的改革与实践。

一、珠三角地区轨道交通产业发展趋势

1. 珠三角地区轨道交通产业的发展规划

《广州制造2025战略规划》中提出，广州将重点发展包含轨道交通、新一代信息技术在内的十大领域，到2025年，轨道交通总产值达1600亿元，建成具有全球影响力的轨道交通装备制造集成研发基地。轨道交通线网安全高效运行尤其需要以新一代智能技术、新工艺和新装备为支撑。

《广东省国民经济和社会发展第十四个五年规划和2035年远景目标纲要》中提出，全面推进沿海高速铁路建设，加快建设赣州至深圳、广州至湛江、广州经汕尾至汕头、珠海至肇庆高铁，推进柳州至广州铁路、广州至珠海（澳门）高铁、南宁至玉林铁路至广湛铁路连接线前期工作，规划研究广州至清远铁路延伸至永州，谋划推进深南高铁与广湛高铁茂名至岑溪连接线、京广高铁与京九高铁韶关至龙川连接线。到2025年，全省铁路运营里程达6500公里，其中高快速铁路运营里程3600公里。

2. 珠三角地区轨道交通产业应用技术需求发展趋势

随着经济的迅猛发展，人口不断增长，能源不足、客货运力不足、污染严重等问题日益严重。绿色、便捷、节能环保成为全世界关注的问题。轨道交通领域在节能技术、环保技术、智能技术、新一代信息技术等方面的需求也逐渐增加，这种需求既包含相关技术在整个产业链的融合与创新，也包括对相关技术技能人才、资源、技术标准等需求的不断增长。德国西门子、法国阿尔斯通、加拿大庞巴迪、日本新干线等企业在轨道交通装备领域不断注入智能制造、数字化运维服务等元素。我国作为轨道交通产业发展的大国，为了实现领航轨道交通技术发展的目标，就必须在材料、技术、工艺等领域不断创新，研制安全可靠、技术先进、节能环保的绿色轨道交通产品，建立世界领先的轨道交通装备产业创新体系，同时将大数据、云计算、无线传输等新一代信息技术融入运维保障体系。

二、珠三角地区职业教育服务轨道交通产业的现状分析

1. 珠三角地区轨道交通产业链结构分析

从轨道交通产业链的结构分析，可将轨道交通产业分为上游、中游和下游三个领域，产业链结构示意图如图 3.1 所示。上游产业主要是轨道交通装备及零配件制造与集成、相关工程建设等；中游产业主要指轨道交通的运行系统，需要在调度控制、维修维护、安全保障等方面进行技术支撑；下游产业主要是轨道交通的附加服务产业。

随着轨道交通装备集成度不断提高，运维现状日趋复杂，服务的专业化、智慧化需求不断增强，对中下游产业的要求会逐渐提高。另外，庞大的现有运行线路的维护维修、支撑装备的完善以及运维服务的升级需求也会逐渐增强。

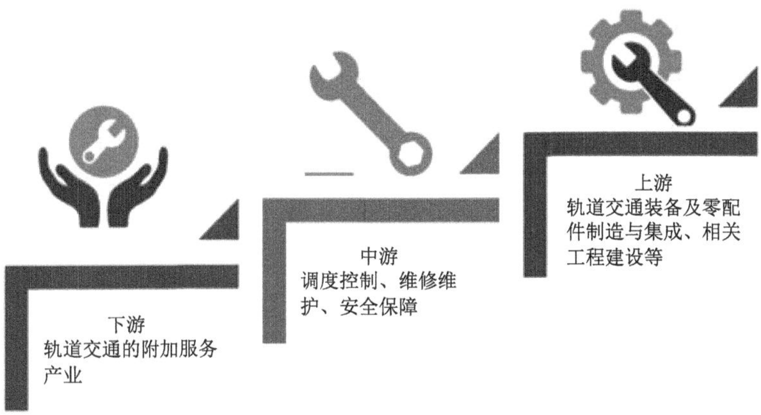

图 3.1　轨道交通产业链结构示意图

2. 珠三角地区职业教育服务轨道交通产业的现状

对于轨道交通产业而言，职业教育的匹配度存在较大不足。从专业与产业对接情况来看，面向轨道交通产业上游、中游和下游三个领域对接程度不尽相同。面向上游产业的专业较多，截至 2021 年 12 月，广东省共有 92 所高等职业院校，开办了相关专业的学校达到 62 所，但各专业设置的专业方向较少，就业的毕业生不多。中游的轨道交通运行系统涵盖了车务、机务、工务、电务、车辆、供电六大岗位群，开设相关专业的院校较少，仅广铁职院和广东交通职

业技术学院面向六大岗位群全面开设了专业，深圳职业技术学院面向车务、电务等岗位群开设了专业，深圳信息职业技术学院、广州科技贸易职业学院、东莞职业技术学院、广州华夏职业学院面向车务岗位群开设了专业，各院校在六大岗位群的铁路特有专业毕业生数量难以达到企业需求，出现了供不应求的现象。下游产业一般包含轨道交通领域的商务、信息化服务、物联网等新兴行业，具有较强的复合性，专业方向不易明确定位。各职业院校结合专业结构调整逐步探索增设相关方向，但总体而言，面向下游产业，职业教育的专业设置滞后产业发展的问题较为突出。

从职业院校面向轨道交通产业的科研与社会服务来看，珠三角地区职业院校差距较为明显。各职业院校面向广铁集团、广州地铁、深圳地铁等轨道交通核心企业的专业技能培训、职工学历教育达到一定规模。例如，2016～2021年广铁职院为珠三角地区轨道交通产业的机车、供电、工务等各专业提供技能培训约 34520 人次，并建成变配电技术人员培训等 17 个品牌培训项目。但在科研与社会服务领域，职业教育并未发挥应有的作用，处于缺平台、缺团队、缺成果的状态，仅广铁职院、广东交通职业技术学院面向轨道交通领域培育了科技创新平台，相关领域的高层次平台、团队、成果较少。

三、珠三角地区轨道交通产业发展存在的主要问题

1. 产业创新体系布局系统性不强

从我国轨道交通产业的分布现状来看，该领域装备制造类企业主要分布在全国 19 个省、自治区、直辖市，其中江苏、辽宁、河南、湖南、山东、北京、四川、河北、山西和吉林居前十位，企业数量占全国的 77.7%。广东省企业拥有自主知识产权的轨道交通产业链内的品牌产品不多，产值不高，相关企业自主创新能力与本地区轨道交通产业发展和需求不相匹配。

2. 产业科技创新平台稀缺

从轨道交通相关支撑研究机构及地域分布分析，北京、上海和中西部地区相继建设了轨道交通类重点实验室、工程技术中心等。珠三角地区轨道交通线网规模庞大，装备类型最多，技术水平领先，但面向轨道交通技术的科研机构

极为少见，仅有广州地铁面向城市轨道交通技术创建了城市轨道交通系统安全与运维保障国家工程实验室，面向城际铁路、高速铁路等技术领域的研究机构较少。

3. 把握技术需求前瞻性不足

目前轨道交通固有的运维体系难以满足人民日益增长的需求，从而逐渐涌现出较多的问题：一是在装备制造、检测、维修、维护保养过程中，许多岗位仍需要大量工人通过手工方式进行作业，效率低、成本高、可靠性不足，存在安全隐患，轨道交通事故时有发生；二是城市客流增加迅猛，城市轨道交通线路扩张迅速，对运维服务造成更大压力，信息通信能力和智慧化服务水平需要不断改进；三是运营成本不断增加，据统计，我国城市轨道维护费用达到80亿元/年，动车组机车车辆中修大修费用达800亿元/年，这为建立车辆安全监测系统和提高维修维护工艺水平提供了大量的市场需求。

四、职业教育服务珠三角地区轨道交通发展的策略与建议

1. 建立基于需求导向的协同育人体系

职业院校应对接珠三角地区轨道交通产业的长远发展与现实需求，协同轨道交通行业企业、科研院所及高等院校，以协同创新为引领，引进和培养协同育人教学团队，重点建设轨道交通特色专业及专业群，改革和创新人才培养模式，实施中高职衔接、高本协同育人、现代学徒制等试点，强化订单培养，提升学生的实践技能，构建科学的质量评价体系，全面提高人才培养质量，全面覆盖轨道交通产业人才需求。

2. 搭建应用技术协同创新平台

基于珠三角地区轨道交通产业创新驱动力弱、创新平台不足等问题，职业院校应结合自身定位，从技术应用与集成、工艺优化、成果孵化以及将成熟的技术在轨道交通运维领域推广应用等方式，搭建应用技术协同创新平台，拓展面向高速铁路、城市轨道、城际轨道等领域的实验设施与设备，为加大轨道交通技术的融合与集成建立综合实验平台。同时，结合自身产教融合优势，与主

要轨道交通行业企业搭建协同团队，促进区域轨道交通技术人才的交流，培育轨道交通领域技术攻关队伍；通过校企共同开发“产学研”合作项目，助推轨道交通技术技能人才的培养，培养既具有轨道交通类专业技能，又具有技术前瞻性和可持续发展能力的专业人才。

3. 打造轨道交通类专业化终身教育体系

职业院校应在政府政策引导下，结合珠三角地区实际，搭建多样化的学习平台，采用多元化的教学形式，主动向轨道交通行业企业提供学习资源，开展企业员工和行业从业人员的新技术、新知识培训和学历提升服务，协助行业企业完成员工职前、职中、职后以及转岗的教育；与企业合作，主动面向社区开展服务，共享教学资源，服务于普通人群，让接受了社区教育的学生可以选择更多的工作岗位，最终形成政府主导，学校、企业共同参与的轨道交通类专业终身教育体系。在此基础上，推动社会评价实现从关注学历到能力、从关注学历资格到职业资格的转变[21]。

4. 建立职业教育产教融合机制

以珠三角地区轨道交通核心企业与职业院校为主体，在宏观层面探索建立职教集团、职业院校理事会管理体制，对职业学院专业发展规划与优化调整方案进行指导，保障特色专业建设与发展符合区域经济与社会需求[22]；在中观层面重点探索校企共建混合所有制二级学院等办学实体，将校企合作体制机制、教学改革、教学条件、就业质量、社会贡献、辐射带动、特色与创新等纳入二级学院考核指标；在微观层面以轨道交通特色专业为主，建立专业管理体制与机制，实现专业群与产业群、职业院校与行业企业、专业设置与职业岗位紧密对接，为推动校企深度融合建立全方位的支撑平台。

珠三角地区轨道交通产业发展势头迅猛，前景广阔，但在产业创新体系布局、产业科技创新平台、把握技术需求前瞻性以及技术技能人才的数量上依然存在诸多问题，致使产业发展不协调，创新驱动力不足。因此，职业教育应加强与行业企业的合作，在校企协同机制改革、人才培养、技术应用和终身教育等方面加强协同创新，大力提升职业教育服务区域经济社会发展的能力。

参考文献

[1] 裴云. 产业链的逻辑及其对高职教育的启示[J]. 职教通讯，2018（21）：30-35.

[2] 王道俊，王汉澜. 教育学[M]. 北京：人民教育出版社，1999.

[3] 杨敬文. 通过融合重塑关系和创新服务[J]. 新闻前哨，2018（10）：21.

[4] 黄子明. 基于合作共赢的校企合作长效机制建设研究[J]. 经营管理者，2015（14）：230-231.

[5] 周家瑜，陈升雅，赵华丽. 基于区域经济社会发展需求的高职院校专业建设实践：以临沧师范高等专科学校为例[J]. 当代继续教育，2015（5）：86-89.

[6] 吴海光. 示范性高职院校内涵发展的路径选择[J]. 湖北函授大学学报，2012（4）：23-24.

[7] 国家中长期教育改革和发展规划纲要工作小组办公室. 国家中长期教育改革和发展规划纲要（2010-2020）[EB/OL].（2011-03-25）[2022-08-01]. http://www.scio.gov.cn/m/ztk/xwfb/25/10/Document/880542/880542_1.htm.

[8] 吴海光. 示范性职业院校内涵发展的路径选择[J]. 湖北函授大学学报，2012（4）：23-24.

[9] 叶鉴铭，周小海. 试论“校企共同体”的共同因素及其特征[J]. 中国高教研究，2010（3）：198-201.

[10] 陈爽.四方联动共筑中国特色现代学徒制[J]. 广州职业教育论坛，2014（2）：1-4.

[11] 贾让成，林麒，陶燕丽，等. 高教园区教学资源共享机制设计与分析[J]. 教育科学，2002（4）：34-37.

[12] 何洪涛. 赣州市高等院校教育资源共享模式的研究[D]. 江西：南昌大学，2007.

[13] 贺婷. 高校优质教育资源共享问题研究：以西安西部大学城为例[D]. 西安：西北大学，2014.

[14] 苏丹. 广州职业教育园区教学资源共享模式探析[J]. 广东技术师范学院学报，2017（6）：96-100.

[15] 孙缘. 基于共生理论的沈北大学城旅游教育资源共享研究[D]. 沈阳：沈阳师范大学，2016.

[16] 张天波. 现代职教体系协同现代产业体系的机理探析：以广东省为例[J]. 淮南师范学院学报，2012（5）：81-84.

[17] 李彦青，孟繁华. 由稀释到共生：基础教育集团化建设的突破与超越[J]. 中国教育学刊，2016（5）：57-61.

[18] 王真真. 共生理论视域下河南省职教园区建设研究[D]. 郑州：河南大学，2012.

[19] 苏丹. 基于共生理论的集约型职教园区协同发展研究[J]. 中国职业技术教育，2016（32）：89-93.

[20] 邵云飞，詹坤，钱航. 共生理论视角下高校协同创新共生一体化研究[J]. 科技进步与对策，2015（4）：150-154.

[21] 郭文富，马树超，现代职业教育体系建设的制度配置思考[J]. 中国高教研究，2017（10）：83-87.

[22] 王长文，徐进. 简析产教融合协同育人的探索与实践[J]. 哈尔滨职业技术学院学报，2016（2）：1-5.

第4章

基于“三教”改革的人才培养与成效检验

本章概要

本章围绕“三教”改革背景下订单式人才培养、现代学徒制、职业教育集团化办学人才培养的实践与成效进行论述。首先，分析轨道交通类专业订单式人才培养的特点，总结订单式人才培养模式存在的主要问题，提出校企协同推进订单式人才培养模式的策略。其次，介绍中国特色现代学徒制的探索历程，系统总结中国特色现代学徒制的实践经验，从宏观、中观和微观三个层面阐述中国特色现代学徒制的现实困境，提出各参与主体推动中国特色现代学徒制模式形成的对策建议。最后，结合职业院校轨道交通类专业实施现代学徒制的实践探索，总结具体做法与经验，可为“三教”改革背景下职业教育探索校企合作新途径、开拓产教融合新领域、创新办学机制体制提供有益借鉴。

4.1　职业教育人才培养模式的改革发展

近年来，职业教育得到了快速发展和提升，经过多年积累，规模不断壮大，体系日趋完善，在发展方式上逐渐从规模发展转向内涵发展和特色发展，在发展水平上从个性发展转向总体布局和体系建设，在人才培养模式上逐渐从传统的单一性校企合作向产教深度融合发展。

《国家中长期教育改革和发展规划纲要（2010—2020 年）》中明确提出，职业教育要走校企合作的道路，推进校企融合成为国家发展职业教育的方针政策和首要任务之一。深化校企合作，是培养高素质技术技能人才、提升高校服务区域经济发展和行业企业能力的必由之路。《国务院关于加快发展现代职业教育的决定》（国发〔2014〕19 号）中进一步指出，要“坚持校企合作、工学结合”“强化教学、学习、实训相融合的教育教学活动”。党的十九大之后，《国务院办公厅关于深化产教融合的若干意见》（国办发〔2017〕95 号）中提出，要面向产业和区域发展需求，健全完善需求导向的人才培养模式。全面深化产教融合成为推进职业教育内涵发展的重大方略之一。

一、订单式人才培养模式

1. 订单式人才培养模式的提出

2004 年，为适应经济社会发展对于高素质技术技能人才的需求，教育部提出职业院校应开展订单式人才培养，根据企业岗位需求有针对性地培养人才，突出按需供给特点，在满足企业用人需求的同时，解决学生就业问题，实现企业、学生和高校三方共赢。

2. 订单式人才培养模式的内涵

订单式人才培养模式主要是基于供需平衡、校企双方签订合作协议，尊重契约精神，依托行业企业，“产学研”深度融合的一种人才培养模式。该模式是基于学校与订单企业合作的平台，学校、用人企业作为育人的主体，在共享共赢的指导思想下共同制订育人方案，并在教师队伍、技术共享、设备共享等方面进行合作，建立校内和校外多个教学实训点，提升受教育者的实操技能，确保受教育者毕业后直接上岗的一种育人模式。

（1）订单式人才培养模式是职业教育人才培养最常见的一种形式

订单式人才培养模式以校企合作共赢为基础，人才培养各主体之间相互开放、相互支持、相互促进，具有“人才培养主体多元化”“就业导向目标培养”“管理过程协同创新”等特点。这种模式体现了职业教育校企合作、工学结合的特性，需要打破高等教育的传统学科体系结构和传统管理模式，同时也对职业教育人才培养模式创新提出了新挑战，可为职业教育教学改革注入新的活力，并助力行业企业的发展，为社会培养更多的优秀人才。近年来，职业教育订单式人才培养模式已经从单一性的工学结合向多元化、系统性的产教融合迈进，工学结合内涵不断拓展，人才培养协同性不断增强，人才培养体系化逐渐凸显。

（2）订单式人才培养模式是探索工学交替的办学方式

订单式人才培养模式已延伸为深化校企合作的有效载体，符合职业教育的人才培养目标，提高了人才培养质量，提升了企业人才队伍，得到了学校和订单企业的肯定和支持。它既是促进高等职业教育提质增效的重要选择，也是深化教育改革的必然结果。

近年来，我国职业院校一直在探索和推进订单式人才培养模式，但随着人才培养的不断深入，一些问题与矛盾也伴随而生。例如，管理运行体制不够系统规范，人才培养的长效机制尚未形成；合作企业参与热情度不高；学生技能差距较大，人才培养难以做到因材施教；政府政策不够清晰、支持力度不够等，学校和企业间合作内容不够深入，缺乏发展后劲等。这些已成为亟待解决的现实问题。

二、现代学徒制人才培养模式

1. 现代学徒制人才培养模式的提出

现代学徒制是德国经济发展的中流砥柱，是国际职业教育发展的重要趋势和主导模式。现代学徒制作为高素质技术技能人才培养的新范式，契合了职业教育作为一种“教育类型”的本质，是促进职业教育高质量发展的有力举措。我国各行业有着一定的学徒传统、正式学徒体系和相关改革经验，学徒制以非正式制度形式广泛存在。近年来，随着我国职业教育改革的纵深发展，政府着力构建中国特色现代职业教育体系，现代学徒制试点被视为构建中国特色现代职业教育体系的重要抓手和突破口，成为推动职业教育改革创新的关键。

2010 年 7 月，中国特色现代学徒制正式写入《国家中长期教育改革和发展规划纲要（2010—2020 年）》，国务院各部委加快开展宏观层面战略布局。现代学徒制开启中国特色的实践探索历程历经了从“政策酝酿—试点改革—全面推广”的发展阶段。

（1）政策酝酿阶段

2011 年 3 月，时任教育部副部长鲁昕首次提到“希望地方政府与企业通过组织和参与现代学徒制试点来破解东南沿海‘用工荒’问题”。2011 年 10 月，鲁昕副部长在全国现代学徒制实践经验交流研讨会上再次表示，中国特色的现代学徒制不仅仅是职业教育的生命力，还能解决中国产业的核心竞争力问题。自此，现代学徒制开始受到学界的广泛关注和教育主管部门的高度重视。教育部自 2012 年起，连续 3 年将“开展现代学徒制试点”列入年度工作要点。《教育部关于 2013 年深化教育领域综合改革的意见》（教改〔2013〕1 号）中提出“选择示范性职业院校与重点行业企业合作开展现代学徒制试点”。近年来，教育部多次组织与德国、英国等国家关于现代学徒制的经验交流和理论探讨活动，为现代学徒制的试点工作奠定了理论基础。

2014 年 2 月，李克强总理在国务院常务会议上正式提出“开展校企联合招生、联合培养的现代学徒制试点”。2014 年 5～6 月，国家连续出台两个重要的职业教育战略文件。其中，《国务院关于加快发展现代职业教育的决定》（国发〔2014〕19 号）中明确提出“开展校企联合招生、联合培养的现代学徒制试点”，《现代职业教育体系建设规划（2014—2020 年）》中明确提出“在有条件的企业试行职业院校和企业联合招生、联合培养的学徒制，企业根据用工需求与职业院校实行联合招生（招工）、联合培养”。“开展现代学徒制试点示范”还被作为重要的战略支撑与保障，纳入了国家行动纲领《中国制造 2025》中。自此，现代学徒制上升到国家层面的政策部署和战略地位。

（2）试点改革阶段

2014 年 8 月，教育部正式出台《教育部关于开展现代学徒制试点工作的意见》（教职成〔2014〕9 号）（以下简称《意见》），明确规定了现代学徒制试点工作的内涵和要求，标志着我国现代学徒制试点工作进入推进阶段。2014 年 12 月，全国职业教育现代学徒制试点工作推进会召开，会议要求“必须加快推进现代学徒制试点工作”“逐步建立起政府引导、行业参与、社会支持、企业和职业院校双主体育人的中国特色现代学徒制”。2015 年 8 月，教育部公布 165 家单位作为首批现代学徒制试点单位和行业试点牵头单位。2015 年、2016 年教育部工作要点中明确要求“加快推进现代学徒制度试点”。2015 年 10 月出台的《高等职业教育创新发展行动计划（2015—2018 年）》中又再次强调了“要有步骤、有计划地开展现代学徒制试点工作”。这一系列举措标志着中国特色现代学徒制由政策部署向试点改革迈出了实质性步伐。

（3）全面推广阶段

2019 年 3 月，《教育部财政部关于实施中国特色高水平高职学校和专业建设计划的意见》（教职成〔2019〕5 号）中提出“施行校企联合培养、双主体育人的中国特色现代学徒制”。2019 年 5 月，《教育部办公厅关于全面推进现代学徒制工作的通知》（教职成厅函〔2019〕12 号）中就“总结现代学徒制试点经验，全面推广现代学徒制”的有关工作做出具体部署。2020 年 10 月，中共中央、国务院印发《深化新时代教育评价改革总体方案》，明确提出要探索“具有中国特色的高层次学徒制”。至此，中国特色现代学徒制进入全面推广实施阶段。

2. 现代学徒制人才培养模式的内涵

结合相关文献资料来看，现代学徒制概念的界定主要从制度和形式两个角度展开。在制度界定方面，有学者认为现代学徒制是一种教育制度。例如，关晶[1]认为，该项制度是学校本位教育和工作本位培训相结合而形成的；陈俊兰[2]认为，在当前经济全球一体化的背景之下，创新教育理念，将工厂的学徒培训和学校的技能教育有效结合起来的教育制度就是现代学徒制。从教育形式上看，很多学者认为这种制度实际上就是一种培养技术型人才的方式。例如，赵有生等[3]认为，随着时代的发展，现代学徒制将去除陋习、吸取精华，将教育与实践有机结合，展开深度合作；赵鹏飞等[4]认为，现代学徒制就是将现代化的学校教育和传统的工厂职业培训有效结合起来，其基础为学校和企业之间开展有效合作，以工学结合为核心。

基于此，可以从人才培养的角度对现代学徒制的概念进行界定，即在有关政府政策的引导下，学校和企业开展深入合作，将学校教育和工厂职业培训有机结合，加强理论和实践的融合，完成高效培养技术技能人才的目标。中国特色现代学徒制初步将我国的教育制度和劳动用工制度相结合，其基本内涵为“双元”育人、双重身份，交互训教、工学交替，岗位培养、在岗成才。

三、订单式人才培养模式与现代学徒制人才培养模式的对比分析

部分职业院校简单地将订单式人才培养等同于现代学徒制，从内涵特征来看，两者有着明显的区别。订单式人才培养是指企业根据自身发展和工作岗位需求与学校签订订单式人才培养协议，以企业冠名的形式成立订单班，班级学员对象为大一、大二在校生，校企共同实施订单班学生的培养计划，最终考核合格的学生按照订单协议到企业相应的工作岗位就业；校企合作培养的内容并不固定，有可能贯穿课程开发、教学设计、师资培养、实训建设、毕业实习全程，也可能只包含其中少数项目。对比订单式人才培养与现代学徒制，两者的区别主要体现在以下四个方面：

一是在招生方式上。订单式人才培养采用企业预定、学校招生的方式，其流程相当于先招生、后招工。现代学徒制实行校企联合、招生与招工相结合，具体有招生即招工、先招生再招工和先招工再招生三种方式。招生即招工由学校事先单列现代学徒制学生的招生计划，根据学校和企业统一后的标准，同步完成学校招生和企业招工；先招生再招工是在学生通过常规的录取进校后，企业再进行招工；先招工再招生是企业先招聘员工，该员工再通过学校的单招考试获得录取。

二是在主体身份上。开展订单式人才培养时，企业虽与学校签订了订单

式人才培养协议，但并未与学生签订用工合同，严格来说订单班学生不能算是企业的准员工，只具有学校学生这一种身份，在校期间也没有相应的薪资待遇和劳动保障。而现代学徒制在人才培养之初，企业、学校、学生便已签订好了三方协议，学生具有学校学生和企业员工双重身份，学徒期间的相关保险和津贴也由企业承担。

三是在培养方式上。订单式人才培养的方案设计由学校主导，企业提供参考意见并配合完成相应的教学工作；学生的学习主要在学校完成，企业的参与形式以派出专家或技术人员到学校开设讲座、授课为主，其授课数量和时间在整体课程体系中所占比例不高，一般不会超过10%。现代学徒制是校企联合共同培养，人才培养方案由校企共同制订，企业也全程参与人才培养方案的执行过程。学生的学习在学校和企业交替完成，并由学校教师和企业师傅共同指导。

四是在考核评价上。订单式人才培养对学生的考核评价以学校为主导，并由学校掌握最终决定权，企业虽参与考核，但不具有决定权，若订单班学生的企业课程成绩考核不合格，学校可以采用替代课程或补考等补救措施让学生修满学分，最终顺利毕业。现代学徒制对学徒的考核评价由学校和企业共同完成，学生在校学习的基础理论知识和专业技能的考核由学校主导，在企业学徒期间的岗位技能和职业素养的考核由企业主导；基于整体的过程性考核评价体系和校企共同开设课程的考核标准由校企双方共同制订；学校和企业任何一方的考核评价结果都具有决定性的影响，学生要想顺利毕业，需通过学校和企业的双重考核。

可以说，在整个订单式人才培养的过程中，学校仍是主体，企业处于较为被动的协作者的位置，参与程度不深，对人才培养的投入和重视程度不高，教学过程与工作过程脱节的现象难以避免。订单式人才培养最为棘手的问题是订单班学生的流失率较高，部分项目甚至超过70%。相较于订单式人才培养模式，现代学徒制在学生招生、培养和考核评价上的校企协同程度更高，学徒期间学生和员工双重身份的保障也能更有效地避免人才流失。

现代学徒制人才培养模式已经成为我国教育改革的主要选项，也是实现学校和企业深度合作的根本途径。在国家大力推进现代学徒制试点的政策导向下，职业院校有必要推动人才培养模式由订单式人才培养向现代学徒制转型，使校企合作更加深入和规范。

4.2　职业教育订单式人才培养模式的实践与思考

订单式人才培养模式（以下简称"订单式培养"）是工学结合人才培养模式改革的一种典型模式，本质就是立足区域行业产业需求，根据企业对人才的需求规格，与企业联合培养人才的一种人才培养模式，其发展水平也在一定程度上反映了职业教育产教融合的深度，是强化校企合作育人、推进产教深度融合的有效手段。因此，在订单式培养中必须以校企协同创新为引领，寻求校企协同的方式方法和可迁移性模式，提升公共管理水平，以达到职业教育服务区域行业企业发展的目的。轨道交通产业特色突出、发展迅速、技术技能人才需求广泛，分析职业院校轨道交通类专业订单式培养的特点和现状有助于厘清"三教"改革背景下订单式培养的改革策略。

一、轨道交通类专业订单式培养的主要特点

1. 人才需求量大面宽

近年来，国内轨道交通产业发展迅猛，围绕产业链上游的装备制造与工程技术、中游的运维与管理和下游的智慧化服务等领域的人才需求快速增长，相关行业企业与职业院校逐渐以订单式培养形式建立了长期稳定的人才共育机制，并呈现出规模和范围逐渐扩大的趋势。

以广铁职院为例，自2007年开始开展订单式培养以来，订单人数逐年上升，2011～2021年订单式培养毕业生人数对比图见图4.1。从订单式毕业生的培养方向来看也呈现出扩张趋势，订单式应届毕业生培养方向涉及高铁、普铁、地铁、城轨四个领域的车务、机务、工务、电务、车辆、供电等六大岗位群，就业单位涵盖了珠三角地区的绝大部分轨道交通支柱企业。

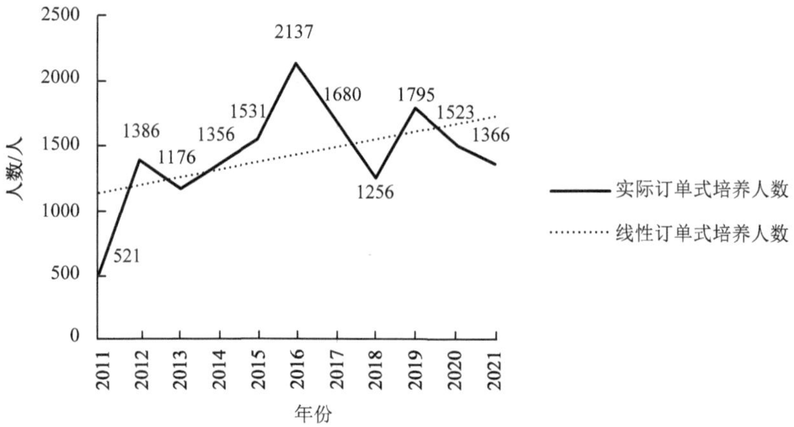

图 4.1　2011～2021 年订单式培养毕业生人数对比图

2. 教学组织错综复杂

轨道交通产业是一个复合型产业，其技术技能人才需求复杂多样，大致包含了产业上游的装备制造、工程设计与施工，中游的客运组织、调度指挥、票务管理、安检、设备维护检修，下游的智慧服务、物流、商务、旅游等方面的高素质技术技能人才需求。轨道交通产业的人才培养需要考虑岗位多样性、需求差异性、学科交叉性等诸多问题，因此即使采用订单式培养，也难以按照同样的规格制订人才培养方案和组织教学。近年来，轨道交通类专业订单班具有三个明显特点：

一是组班来源跨度大。基于岗位需求的复合性，订单班生源往往不是来自一个专业，需要打破原有专业的局限甚至打破二级院系的界限，根据企业岗位需求确定订单班组班原则。以广铁职院 2022 届东莞地铁、佛山地铁、广铁集团、广州地铁等订单班组班构成为例，各企业均将司机、变电（接触网）检修、供电、机车检修、通信检修、站务员等工种按照专业对接岗位，以方便教学实施为原则进行组班。四个企业分别录用 2022 届订单班学生为 82 人、110 人、360 人和 22 人，合计 574 人。从专业来源来看，订单班学生来源涉及全院 7 个二级学院的 30 个专业，如表 4.1 所示。

表 4.1　广铁职院 2022 届订单班组班来源　单位：人

专业	东莞地铁	佛山地铁	广铁集团	广州地铁	总计
城市轨道交通车辆技术	2	12	15	7	36
城市轨道交通机电技术	4	8	9	1	22
城市轨道交通运营管理	15	6	32	1	54
道路桥梁工程技术			6		6
电气自动化技术	6	6	8	3	23
动车组检修技术	9	4	28	2	43
供用电技术	3	3	6	1	13
会计		1			1
机电设备维修与管理	2	2	7		11
机电一体化技术	3	6	33		42
机械设计与制造	1		2		3
机械制造与自动化	1	1	5		7
集装箱运输管理		1	4	1	6
计算机应用技术		2			2
旅游管理		1			1
汽车检测与维修技术	1	1			2
商务英语		2			2
数控技术	1	2	5		8
数字媒体应用技术		2			2
铁道车辆	3	4	13	1	21
铁道工程技术	2		33		35
铁道供电技术	3	10	22		35
铁道机车	9	8	44	4	65
铁道交通运营管理	6	4	18		28
铁道通信与信息化技术	7	17	25	1	50
铁道信号自动控制	3	2	24		29

续表

专业	东莞地铁	佛山地铁	广铁集团	广州地铁	总计
铁路物流管理	1	1	4		6
物流管理		2	5		7
应用电子技术			12		12
应用日语		2			2
总计	82	110	360	22	574

二是组班时间不固定。不同企业对人才的需求不同，部分企业需要全程专业化培养，入学即组班，实现了招生即招工、实习即顶岗的教学，学校和企业均是订单式培养的主要教学场所；部分企业和岗位需要学生在不同专业完成基础课学习并具备相关知识之后，从第二学年开始组班；也有部分岗位对专业化技能要求相对较低，但需要学生具有较好的知识面和多岗位适应能力，在第四学期结束后才组班，在企业完成剩余的课程内容学习。

三是课程安排灵活。订单班组班之后，可按照订单岗位灵活制订和调整人才培养方案、课程标准，以实时满足岗位需求的不断变化。大部分订单班在学校完成课程讲授，在企业进行岗位实践学习，也有少数订单班根据企业要求，按照多学期、分段式教学组织模式，提前进入企业岗位学习，未完成的课程内容则在企业通过送教上门、网络学习、企业教师授课、学生自学等形式综合完成。

3. 合作机制多维协同

近年来，轨道交通类专业订单式培养不断深化，逐渐建立了多维协同的合作机制。

（1）在资源协同维度

人员上实现了专兼职联合教学；资金上实现了政府、学校、行业企业多主体投入；设备上通过校企共建共管实践教学基地，实现了硬件资源共享；信息上通过共同制订人才培养方案、开发课程、制订考核标准等，实现了教学信息资源的共建共享。

（2）在管理协同维度

时间上，从共同组织招生、共同确定人才培养目标、共同商定人才培养方案、共同建设教学资源、共同组织教学、共同实施考核评价、共同完成培养质量跟踪反馈，校企协同参与涵盖了订单培养的全生命周期；空间上，订单式培养横跨学校和企业两个教学情境，为了实现教学和生产的有机协调，需要通过多学期分段式教学组织安排及兼职教师进校和专任教师下企业等方式进行有效管理。

（3）在责任协同维度

订单式培养实现了校企对订单班的招生、就业、培养质量、安全等多领域的责任共担。随着订单式培养逐渐向现代学徒制转变，招生即招工、入校即就业的趋势越发明显。

二、轨道交通类专业订单式培养的现实困境

1. 毕业生与岗位需求对接的紧密性不足

轨道交通技术不断更新发展，对高素质技术技能人才的需求也在不断变化，轨道交通类专业订单式培养与岗位需求对接不够紧密的问题一直存在，原因主要包括以下两个方面：一是订单班学生的招生与就业尚未实现完全的体系化协同，不同企业的组班时间不同、招生专业不同，造成同一班学生来自不同专业，课程基础不同，毕业生的知识、技能、素质水平各有差异；二是轨道交通技术不断发展，岗位要求不断变化，企业参与深度不够，没有实时将企业最新的需求变化在人才培养方案中进行反馈，导致订单班学生的能力培养相对企业需求具有滞后性。

2. 专兼职教师队伍的能力与水平有限

校企师资共享共育是推进订单式培养的必要手段，而建立专兼结合的双师型专业教师队伍是订单式培养改革的必要条件之一，但从当前的轨道交通类专业订单式培养现状而言，教师队伍依然存在较大差距。现有的订单式培养仍然以专任教师作为主体，且因轨道交通特有专业人才缺乏，高水平的专任教师难以引进，同时轨道交通相关企业因责任大、任务重，企业兼职教师也难以聘任，

因此造成专兼职教师队伍整体数量不足、能力有所欠缺，在保障基本教学任务的同时，参与订单式培养相关配套课程建设、教学资源建设的能力有限、精力不足，无法全维度满足订单式培养的需求。

3. 订单式培养协同机制尚未完善

轨道交通类专业订单式培养的协同包括内部协同和外部协同两个方面。在内部协同方面，跨院系、跨专业组班的过程管理、利益分配机制尚未完善，为院校在人才培养中增加了沟通成本，尚需要进一步加强内部协调并建立科学的制度，保障订单班的顺利组班和人才培养方案的实施。在外部协同方面，依然存在三个主要矛盾：一是因不同企业组班时间不同，对固有教学组织造成影响，同时致使订单班培养方案系统性不强，需要校企进一步加强协调，大力推进招生即组班的系统化培养模式；二是在管理机制上从校企合作到产教融合的过程漫长，订单式培养作为校企合作的一个具体内容，在学校、二级院系、专业层面如何和企业分层对接，在人才培养过程中建立哪些公共管理组织、各自具有哪些责权等需要进一步明晰，并以契约化形式体现；三是在教学资源建设上尚需校企打破壁垒，以信息化为手段，将企业的现场工作情境以多种形式转化为教学资源，保障订单教学内容及时根据企业的实际岗位能力需求进行更新。

4. 订单式培养评价体系尚未建立

订单式培养的毕业生是否能够完全符合企业用人需求，除了需要在人才培养模式上不断进行改进外，还需要建立一套与之匹配的质量评价体系，以实时检测订单式培养的时效性[5]。目前，轨道交通类专业订单式培养的规模发展较快，模式不断创新，但在评价体系建设上步伐较慢，因此难以有效评价订单式培养的真实质量。

三、基于协同创新的订单式培养的改革策略

1. 对接企业岗位需求，协同开发人才培养标准

轨道交通类专业的订单式培养应以适应市场、服务行业、合作就业为导向，由学校、核心企业、行业协会在充分调研的基础上明确就业方向和岗位类别，

按照技术领域和岗位任职要求确立人才培养目标，协同制定人才培养方案，对接职业能力确定课程体系，以工作任务和典型产品为载体重构教学内容，将新技术、新工艺及安全规范有机融入教材[6]，通过明晰职业能力结构—确定人才培养目标—选取典型工作任务—论定核心专业课程、平台课程与基础课程—优化人才培养方案与课程标准等步骤完成人才培养标准框架设计，着力培养学生的实践应用能力，开发包含人才培养目标、人才培养方案、课程标准、实习标准、考核标准在内的人才培养标准，实现订单式培养的体系化建设。

2. 建立互兼互派机制，协同推进专兼职师资培养体系建设

轨道交通产业的相关企业人力资源丰厚，但因管理严格、责任重大等原因，其专业技术人员难以到校担任兼职教师，专任教师也难以进入企业进行长期挂职。但校企师资共享共育是推进订单式培养的必要手段，校企应本着“资源共享、优势互补、互利共赢、合作发展”的基本原则，从高层开始重视，重点建设订单班“双师型”教学团队，深入开展校企人才资源互通互培、共育共管的实质合作，打造结构合理、规模合适、优势互补的“双师型”教学团队[7]。依托院校治理结构改革，成立由大型企业总经理担任理事长和副理事长的院校理事会，与企业签订协议，建立“互派互聘”机制，形成长期稳定的师资培养机制。同时，基于不同专业特色，在专业层面探索双师工作室、企业工作站、技术开发中心等多元实践能力培养平台。

3. 建立校企多维协同机制，提升订单式培养的公共管理水平

在内部协同机制建设上，着力解决跨院系、跨专业组班机制问题，通过专业群组调整，将同岗位群相关学科专业纳入统一专业群，并按照专业群组建二级院系，理顺和解决订单班组班的内部利益分配问题，并分级建立订单班管理的内部制度体系，实现教学资源和师资的有效共享。

在外部协同机制建设上，以公共管理理论为支撑，在订单式培养的各个环节和领域建立多权力中心的多元化管理组织，如建立专业指导委员会、实践教学指导委员会、联合招生小组、考核小组、教学工区等配套的组织机构，为订单式培养实现全覆盖的公共管理。同时，需要基于各利益相关者的需求，在有效沟通的基础上建立订单式培养的有效契约，将校企人员协同、资源协同、管

理协同等以契约的形式加以体现，有助于避免形式上的校企合作，推进实质性的产教融合。

4. 构建全程融入式协同评价体系，保障订单式培养质量

轨道交通类专业订单式培养需要基于自身量大面宽、管理复杂、协同度高的特点，建立更加多元化的评价体系，要以企业为主确定评价指标，学校、企业与第三方机构共同组织实施评价，评价内容需要包括能力、素质、知识、可持续发展等多方面；评价过程应从入学、过程培养、就业到就业后的跟踪，贯穿人才培养的始终。工作要点应包括学校、企业与第三方机构协同组建评价组织、系统制定评价标准、灵活建立评价机制等。针对不同阶段的评价工作，应制定出相对应的工作内容，确保评价工作的科学性、客观性和灵活性。

4.3 职业教育中国特色现代学徒制人才培养模式的实践与思考

中国特色现代学徒制既是自上而下的职业教育改革，也是自下而上、由点及面的试点实践与推广探索。自 2015 年起，教育部分三批遴选了 558 家中国特色现代学徒制试点单位（含地方政府、行业协会、企业、职业院校），共有 1000 多个学徒制专业点，至今已惠及学生（学徒）10 万余人。分析、研讨现代学徒制试点的成效与经验，对试点过程中出现的困境进行综合分析，破解困扰试点进程中的各种典型问题，形成标准和制度，有助于在“三教”改革背景下推动中国特色现代学徒制培养制度的尽早成型，培养更多高素质技术技能人才和大国工匠，提升职业教育服务经济社会转型升级、提质增效的能力。

一、中国特色现代学徒制试点的主要特点

1. 地方政府宏观管理占主导地位

浙江、广东、四川、山东、云南、安徽、河北和新疆生产建设兵团分别出台了现代学徒制试点工作实施意见或方案。在现代学徒制试点工作初期，政府

教育行政主管部门仍占主导地位，发挥宏观管理、统筹协调等功能，并给予资金支持，如浙江省教育厅等六部门联合印发的《关于开展现代学徒制试点工作的通知》中明确提出：“将现代学徒制试点实施情况纳入各级政府对相关部门开展的年度目标考核体系中”，“财政部门要建立生均经费制度，健全学徒制试点工作资金筹措机制”，“人力社保部门要在双导师队伍建设、实践基地建设等方面给予政策保障与支持。教育和人力社保部门要督促职业院校开展现代学徒制试点”；在资金保障方面，如《关于印发山东省职业院校现代学徒制试点工作实施方案的通知》（鲁教职字〔2015〕22号）中规定“省财政安排经费支持职业院校现代学徒制试点。合作企业每接受1名学徒并经考核达到学徒培养标准，按5000元标准补助企业”。

2. 多元主体参与模式逐渐形成

现代学徒制的参与主体主要有政府、行业组织、学校、企业、协调机构等。目前，我国政府、学校和企业已经不同程度地参与到现代学徒制试点工作中，多元主体参与模式正逐步形成。例如，政府作为宏观管理部门主要给予政策引导和经费支持，学校作为最主要的实施主体积极探索实践，部分企业也主动试水，但行业组织的作用还未发挥[8]。

3. 各具特色的人才培养模式初显

试点工作开展以来，各高职院校依据学校性质、专业特点、招生方式等不同，探索实施了各具特色的现代学徒制人才培养模式。对于人才需求相对稳定、需求量大、有深厚订单式培养基础的大型企业，通常是将订单班转型成现代学徒制的“招生即招工”模式；对人才需求相对不稳定、需求量小的小微企业，则采取专业、企业集群基地人才中心或产业园区服务中心、企业“三合一”方式联合培养人才，基地人才中心按照基地内不同企业的人才需求，进行统筹调配，由中心与专业签订现代学徒制人才培养协议，按照企业的需求进行人才培养，属于“先招生再招工”的模式，如广铁职院计算机应用技术专业与国家数字家庭基地探索的现代学徒制班；对于人才供不应求的紧缺专业，职业院校无法及时提供企业紧急的人才需求时，还采取“先招工再招生”的模式，由企业先进行招工，然后根据企业需求，校企联合培养企业“准员工”[9]，如清远职业技术学院的机电一体化技术专业与清远市美亚宝铝业有限公司合作开设的“美亚宝班”，就是采用企业先招工、学校后自主招生的方式招收中职生和往届高中毕业生来培养在岗学徒。

4. 内涵建设上聚焦“三教”改革

“三教”改革是现代学徒制人才培养的落地之举，教材则是“三教”改革的痛点和难点所在。为全面推动“三教”改革，全国现代学徒制工作专家指导委员会（以下简称“学徒制专委会”）在总结三批试点工作的基础上，出版了《职业能力导向课程及教材开发指南》;在学徒制专委会和全国卫生职业教育教学指导委员会的支持指导下,广东省卫生职业教育协会和医学美容技术专业产教研联盟牵头，联合全国 50 多所相关院校和企业参与，共同开发了校企“双元”育人教材，部分新型活页式教材受到使用院校的好评。

二、中国特色现代学徒制试点的现实困境

1. 宏观制度缺失

（1）欠缺相关法律政策保障

现代学徒制既是一种人才培养模式，又是一种人才培养制度。与德国、英国等职业教育相对成熟完善的国家相比,制度缺失是制约我国当前职业教育和现代学徒制发展的根本问题。我国现代学徒制的实施依据是教育部出台的相关政策文件，没有上升到法律层面，这些政策文件对职业院校尚有一定作用，但对企业约束力明显不足，影响了现代学徒制的深入开展。

（2）欠缺配套制度

《意见》中提出“各地教育行政部门要推动政府出台扶持政策，加大投入力度，通过财政资助、政府购买等奖励措施，引导企业和职业院校积极开展现代学徒制试点”。但在具体落实过程中，地方政府对职业院校尤其是企业的政策支持力度有限，经费支持尤显不足，企业缺乏参与动力。《意见》中又提出“扩大试点院校的招生自主权，推动试点院校根据合作企业需求，与合作企业共同研制招生与招工方案”。目前，现行的招生制度仅限于普通高中毕业生和中职学校毕业生，部分省份还限制户籍，企业员工不具备报考资格，企业内具有同等

技能标准和学历条件的员工往往只能望洋兴叹，影响了试点专业的招生。

2. 中观指导缺位

行业组织了解产业发展的技术前沿、市场运作的内在规律和企业用人的实际需求，能够制定本地区本行业的职业准入资格标准和行业人才的培养标准，设置并监控标准执行状况，还可代表本行业的企业与学校开展磋商与合作等。由于我国缺乏行业组织参与办学的法定机制，各地具体政策又缺乏吸引力、可操作性，行业组织参与职业教育的内生动力不足，再加上长期以来行业组织自身力量薄弱，行业组织在人才培养方面基本没有发挥应有的标准制定、监管评价、政策咨询等功能。

3. 微观管理缺项

（1）职业院校欠缺配套管理机制

现代学徒制试点工作尚处于摸索阶段，与现代学徒制相配套的学校管理制度还存在大量空缺。如宏观层面的“双导师”的选拔、培养、考核、激励制度，学徒学籍管理制度、学徒考核评价制度等；在课程与教学微观层面，工学交替内容的设计，在岗实习的具体实施等，均缺乏权威和统一的课程框架、标准和质量监督机制，导致试点实施过程不顺畅。

（2）合作企业欠缺约束激励机制

我国还未建立起健全的校企合作法律体系，企业参与职业教育的积极性不高，与职业院校合作的程度不深，合作不规范。另外，企业重视的是短期效益及技术技能人才的稳定性，参与现代学徒制人才培养不仅意味着短期内会降低生产效率，还会增加企业管理成本。因此，如果没有政府激励和法律法规约束，企业往往不会在校企合作过程中投入太多精力。

三、中国特色现代学徒制试点的改革策略

1. 政府层面——加强政策保障，发挥“指导者、推动者、保障者”作用

构建完善的法制、政策、机制保障体系是实施现代学徒制的前提。综观澳大利亚、美国、加拿大等世界上实施现代学徒制成功的国家，无一不是将关于

现代学徒制的制度保障和经费保障上升到国家立法的层面，才能保障行业企业与院校机构的坚实合作。例如，德国的《联邦职业教育法》、英国的《学徒制、技能、儿童与学习法案》、爱尔兰的《学徒制法案》等，为现代学徒制的良性发展提供了法律保障。现代学徒制已作为实施职业教育的重要形式写入《中华人民共和国职业教育法》。2022 年 4 月 20 日修订的《中华人民共和国职业教育法》于 2022 年 5 月 1 日起开始实施，其中第三十条规定：“国家推行中国特色学徒制，引导企业按照岗位总量的一定比例设立学徒岗位，鼓励和支持有技术技能人才培养能力的企业特别是产教融合型企业与职业学校、职业培训机构开展合作，对新招用职工、在岗职工和转岗职工进行学徒培训，或者与职业学校联合招收学生，以工学结合的方式进行学徒培养。有关企业可以按照规定享受补贴。企业与职业学校联合招收学生，以工学结合的方式进行学徒培养的，应当签订学徒培养协议。”修订的《中华人民共和国职业教育法》明确了“政校行企”参与职业教育的法律地位和责权利，通过经费激励引导校企合作，以法律形式规范利益相关者合作行为，依法维护当事人的合法权益，为现代学徒制的有效实施提供了法律保障；地方政府则要通过运用税收减免、培训补贴等优惠政策，或以政府购买教育服务、金融支持等手段，根据现代学徒制培养学生的数量规模和培养质量，按照合理的生均标准给予经费资助；地方教育行政部门应同步改革现有招生制度，进一步扩大职业院校招生自主权，打破应届生限制和户籍限制，实现自主招生对象同等面向具备相应技能标准和学历条件的企业员工，使企业获得参与现代学徒制的强劲动力。

2. 学校层面——深化模式改革，做好“主体者、改革者、合作者”定位

现代学徒制是一项新的技术技能人才培养模式的变革，它不仅仅是形式之变，更是“学”与“教”的形态重构和内涵提升，必然带动教学、管理、评价等一系列根本性改革。作为现代学徒制的主要实施方，一方面，职业院校要改革现行的教学组织模式和评价机制，根据现代学徒制“双重身份，双主体培养，双元育人，双元管理”等特点，从弹性学分制、“双导师”聘任、教学标准、课程建设、教材编制、教学评价上进行深度改革，依据培养过程中学生发展的共性和个性需求选择教学组织方式，与企业共同制定适应校企在岗培训、学徒工学交替、岗位成才需求的“柔性化”弹性教学管理模式与动态评价体系，确

保现代学徒制的有效实施。另一方面，职业院校也要“擦亮双眼”，理性选择合作企业。像德国、瑞士、丹麦等现代学徒制开展质量高的国家，对企业招收学徒的资质有严格的审核，主要包括硬件条件、企业培训导师资源以及开展学徒培训的一般计划。通过这些资格审查的企业，才能获准招聘学徒，成为“培训企业”。我国目前尚未建立企业培训资质的审核制度，但部分省市在出台具体实施意见时对合作企业的资质也有规定，如《关于印发山东省职业院校现代学徒制试点工作实施方案的通知》（鲁教职字〔2015〕22号）中规定“合作企业应具备以下条件：每年均有一定的用工需求，年主营业务收入不少于2000万元的规模以上工业企业；合法经营、管理规范、技术先进、实习设备和安全防护完备，工作环境较好；能提供试点专业实习轮训的所有岗位，选派足够数量的优秀技术人员担任学生的师傅；未发生过环保、生产安全或其它（其他）违法事件”。因此，职业院校在试点初期务必要综合衡量企业的发展需求、企业自身的吸引力、企业的学徒培训能力和已有的校企合作基础，才能在一定程度上保障现代学徒制的培养质量和可持续发展。

3. 行业层面——主导标准建设，行使“协调者、服务者、督察者”职能

学徒培训标准是现代学徒制实施的重要依据和质量保障。国外实施的学徒培训标准，诸如瑞士的“职业培训条例”，德国的“职业培训条例”和“框架教学计划”，英国的“学徒制框架”，澳大利亚的“培训包”等均由行业组织制定，对学徒完成培训所应达到的知识技能水平做出明确、细致、统一的要求，是企业培训的依据，是国家保障现代学徒制质量的基础性措施。因此，国家要制定配套的教育和劳动法律政策，清晰界定行业组织的作用、职能及运行方式，明确行业组织在校企合作中的指导、服务、协调等职能以及行为规范，促进角色制度化、规范化和明朗化。同时，行业组织也应加强自身建设，提高参与度，积极主动参与学校教学改革和人才培养的全过程，组织制定统一的学徒培养标准，建立学徒职业资格证书制度和学徒制培养质量监控体系，将企业文化和学校文化深入融合，真正培养出社会需要的技术技能人才。

4. 企业层面——建立人才战略，当好“主体者、投资者、受益者”角色

德国、英国、瑞士等制造业发达国家普遍采用现代学徒制作为技术技能人

才的主要培养模式。在中国制造 2025 和工业 4.0 的宏伟蓝图下，我国正处于发展先进制造业、促进传统制造业转型升级的关键时期。转型升级，创新是核心，人才是关键。对于现代企业而言，技术技能积累是创新重要的内在基础，必须与人才培养过程融合。因此，现代企业首先要转变传统观念，深刻认识现代学徒制在企业转型升级过程中的关键作用，树立职业教育与岗位培训紧密结合的理念，改革企业原有人事管理制度和招工制度，构建技术技能人才储备机制；其次，企业应积极发挥主体作用，主动与学校建立合作关系，全过程参与课程与专业教学标准的制定、人才培养模式的改革以及具体培养工作的实施，共同培养能适应企业岗位需求的技术技能人才，发挥现代学徒制对提升企业经济效益与社会效益的作用。

4.4 广东省职业院校现代学徒制人才培养的实践与思考

为破解广东高素质技术技能人才缺口难题，探寻新的职业教育实现模式，2009 年，广东省现代学徒制研究团队开启了现代学徒制探索，并依托教育部职业教育和成人教育司及广东省教育厅委托的多个现代学徒制研究课题，开展了深入的理论研究和广泛实践探索。2014 年，广东省教育厅在全国率先开展省级层面的试点工作，批准了基础较好的 4 所学校共 12 个专业招生 650 人试点探索现代学徒制。广东省的试点，为国家试点政策出台提供了重要依据。从 2015～2018 年，教育部分三批共遴选 558 家单位作为现代学徒制试点单位，其中广东省有 39 个试点单位入选，占比 7%，是试点单位数量和培养学生（学徒）最多的省份。试点单位在调动企业参与积极性，建立学生、学校、企业三方利益平衡机制、明确参与各方责权利等方面做出了积极有益的探索，为全国现代学徒制试点提供了典型范例[4]。

广东省现代学徒制的实施成效如何？实施过程中最关键的“双主体”“双身份”“双导师”等要素的落实情况如何？本书编写团队设计了 1 套 5 类面向现代学徒制试点院校的教师、学生、教学管理人员、合作企业主管及职业教育专家的系列调研问卷，每类调查问卷分别设计了 29 个开放式问题，主要了解以下四个方面的内容：一是对现代学徒制的了解程度、了解途径及参与现代学徒制的原因；二是现代学徒制实施过程中“双主体”“双导师”“双身份”落实情况；三是现代学徒制人才培养实施情况；四是现代学徒制的作用体现。面向 8 所试点院校和 24 家试点企业开展了近 500 份样本量的调查研究，深入了解现代学徒制试点的实施现状，破解实施难题，以期更好地推进现代学徒制试点工作的不断深入。

一、广东省现代学徒制改革试点的现状特点

1. 对现代学徒制的了解程度

调查发现，合作企业主管、职业院校教师和教学管理人员及职业教育专家对现代学徒制了解的超过八成，但学生中不太了解的占 65.24%，完全没听说过的占 11.23%。这表明，国家高度重视现代学徒制的推进工作，在学校、企业层面做了广泛宣传并产生了积极的效果，但学生作为最关键的受教育主体，现代学徒制在学生中的宣传力度明显不够。

2. 企业育人主体地位落实情况

在现代学徒制实施过程中，超过八成的合作企业主管、职业院校教师和教学管理人员及职业教育专家认为企业的育人主体地位得到落实，合作育人积极性比较高，并对学徒培训极其重视，如图 4.2 所示；83.33%的企业主管表示对

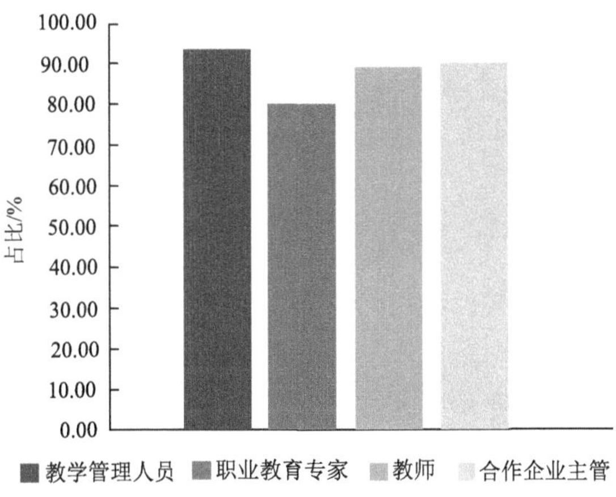

图 4.2　企业育人主体地位落实情况调研

现代学徒制很感兴趣，认为企业参与现代学徒制的原因集中在政府或第三方牵线、与试点院校关系密切、企业人才储备的需要（占比最高，为 45.83%）和提高企业的知名度与美誉度等。这说明，企业作为人才培养的主体意识不断增强，企业的技术技能积累功能与人才培养功能不断融合，这正是现代企业在产业结构转型升级、高端技能人才严重匮乏的市场环境下，实现企业可持续发展的先决条件。

3. 校企“双导师”队伍建设情况

现代学徒制“双导师”队伍建设情况不理想，绝大部分被调研人员认为学校导师和企业导师数量不足，质量一般，“双导师”队伍整体水平亟待提升，如图 4.3 所示。经过选拔的企业优秀员工、技术骨干、技术能手和企业管理人员占到承担现代学徒制教学任务的企业导师总数的 83.33%；而学校选拔的优秀教师只占到承担现代学徒制教学任务的教师总数的 23.08%。学校对现代学徒制导师的重视程度远远低于企业，选拔程序缺乏标准，随意性强。

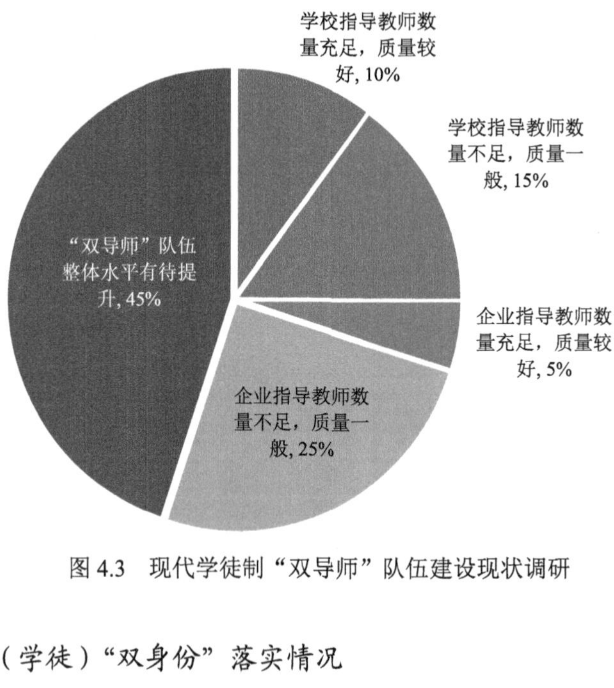

图 4.3　现代学徒制“双导师”队伍建设现状调研

4. 学生（学徒）“双身份”落实情况

在现代学徒制班学习期间，只有 9%的学生反映企业为其购买了人身意外险，37%的学生表示没有购买，说明企业对学徒的安全缺乏防范意识。学徒购买人身意外保险调研情况如图4.4所示。在企业为学徒购买的“五险一金”中，除医疗保险（占比40.91%）和工伤保险（占比31.28%）购买率稍高外，其他保险购买率均很低，不足1/3。有32.08%的学徒反映工作学习时间超过8小时，有5.88%的学徒反映工作学习时间超过14小时。可见，学生（学徒）的“双身份”落实并不到位，部分企业有把学徒当廉价劳动力的嫌疑。

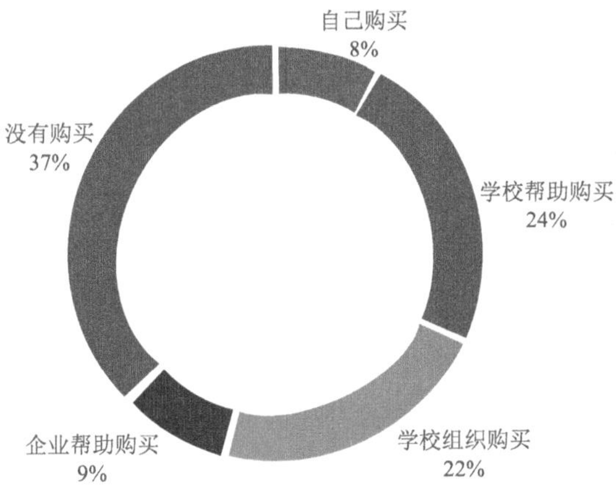

图4.4　学徒购买人身意外保险调研情况

5. 现代学徒制人才培养实施情况

（1）人才培养方案及课程设置

70.83%的被调研企业参与了现代学徒制人才培养方案和课程体系的建设。被调研企业主管、职业教育专家、教师和教学管理人员认为，人才培养方案较好地体现了现代学徒制的特点的比例分别为95.83%、85%、92.31%和100%。

（2）教学实施与管理

在被调研者中，认为校企双方采用了更为丰富的教学方法和更灵活的教学组织形式的比例，分别为88.46%和56.25%。63.64%的被调研者认为学校管理得较好，认为企业管理得较好的仅占18.45%。

（3）学习方式

在被调研者中，认为现代学徒制中的学徒在企业的学习方式主要是模拟实训、师带徒和顶岗操作的比例均超过六成。

（4）考核评价

在被调研企业中，现代学徒制的考核强化技能考核的企业占比为81.25%。58.33%的被调研企业认为考核比重的设置应为学校40%，企业60%。有75%的被调研企业将考核结果应用于毕业和就业环节。这表明现代学徒制的考核呈现出以企业为主导、多维度、综合化的特点，将考核结果应用于毕业和就业环节，为提高现代学徒制的培养质量提供了良好保障。

6. 现代学徒制的作用体现

（1）对学校的作用

现代学徒制在培养学生的综合能力、职业精神、职业能力，尤其是在提升其创新能力方面作用显著。在被调研者中，认为现代学徒制突出优势表现在培养的学生专业技能强的占比为71.15%，共享企业资源程度高的占比为63.46%，能够实现毕业就业一体化的占比为59.62%，校企合作非常有效的占比为57.69%，人才培养质量高的占比为46.15%。这充分说明，大家普遍认同现代学徒制是培养技术技能人才的一种有效途径。

（2）对企业的作用

在被调研企业主管中，认为现代学徒制可以减少员工培训成本的占比为83.33%，能够保障员工来源的占比为75%，扩大了企业影响力的占比为58.33%。同时，认为学生毕业后岗位胜任能力强的占比为79.17%，发展后劲强的占比为50%，对企业忠诚度较高的占比为66.67%。这表明，现代学徒制能直接体现企业界对劳动力的素质要求，为企业更加积极主动地参与现代学徒制人才培养提供了信心和保障。

（3）对学生的作用

80%以上的被调研学生认为参加现代学徒制项目对未来就业帮助较大。在产业结构转型升级的关键时期，在高校毕业生“就业难”与高素质技术技能人才“用工荒”的市场条件下，现代学徒制在培养技术技能人才方面的优势得到了学生的认可。

二、广东省现代学徒制改革试点的现实困境

现代学徒制作为一种新型的技术技能人才培养制度，相比传统的订单式培

养等校企合作模式，更大程度地实现了学校、企业、学生三方共赢。第一批现代学徒制改革试点的工作初步实现了国家大力推行现代学徒制的目标。当然，试点过程中存在的问题也不容忽视，主要表现在以下几个方面。

1. 国家宏观制度保障和地方政府经费支持不明确

近几年，国家和地方政府纷纷出台了各项政策文件来支持推行现代学徒制的工作，包括2022年4月修订的《中华人民共和国职业教育法》。但各种政策文件中多用原则性话语，对一些诸如“政校行企”在现代学徒制实施中的责权利、地方政府对企业的经费资助标准、学徒身份的保障、学徒考核标准等必须明确的条款未做具体细致的规定。编者在查阅文件时发现，《人力资源社会保障部办公厅、财政部办公厅关于开展企业新型学徒制试点工作的通知》（人社厅发〔2015〕127号）中明确列出了“完善企业新型学徒制补贴政策”条款，给参与学徒制的企业按“每人每年的补贴标准原则上应控制在4000—6000元的合理区间”；在全国各地现代学徒制试点工作实施方案中，编者发现仅有山东等几个省份在实施方案中明确列出了政府的专项资金数额、承担现代学徒制的企业资金补给标准和经费具体使用范围，绝大部分实施方案以“给予资金支持”一笔带过。因此，造成了试点过程中出现校企协同育人机制落实不到位、各项资金保障不足等问题，影响了现代学徒制的深入开展。

2. 学校正面宣传力度不到位

现代学徒制作为一种新型人才培养模式和人才培养制度，国家一直非常重视在学校和企业层面的宣传工作，呈现出良好的效果。但是，现代学徒制要真正实施到位，必须要获得实施客体——学生（家长）的充分认同。然而，调研数据显示，学生（家长）对现代学徒制的了解程度偏低，而学生（家长）最主要的信息来源渠道应是学校。因此，学校的宣传力度亟待加强。

3. 企业育人主体地位体现不明显

部分试点单位没有深入研究现代学徒制的本质，仍然沿用以往订单式培养等校企合作模式，学校仅是按照企业的用人标准和要求独立实施各项教学活动，企业也没有作为培养主体积极主动地参与人才培养全过程，提供的学徒岗位和企业师傅明显不足，有些甚至还是传统的“放羊式”顶岗实习，根本不是真正意义上的现代学徒制。

4. 学生（学徒）“双身份”保障不充分

学生和企业及学校和企业的双合同或学徒、学校和企业之间的三方协议落实不到位，合同、协议中关于学徒培养的具体岗位、教学内容、权益保障等规定不明确，部分企业甚至没有给学生购买任何保险，严重损害了学生（学徒）的权益。

三、广东省现代学徒制的改革策略

1.“双基础”条件保障——制度设计与经费保障并重

据调研数据显示，超过七成的被调研人员认为现代学徒制实施过程中存在的最大困难是制度问题和经费问题。我国现代学徒制尚处在试点阶段，其制度体系设计和制度内容实施不可能一蹴而就，需要不断地修订和完善。

构建完善的法制、政策、机制保障体系，给予充分的经费保障是实施现代学徒制的前提条件。国家应统筹做好现代学徒制实施保障的制度设计，将现代学徒制上升到法律地位，明确“政校行企”参与现代学徒制的法律地位和责权利，以法律形式规范政府、行业机构、学校、企业、学生（学徒）等利益相关者的合作行为，依法维护当事人的合法权益和诉求，为现代学徒制的有效实施提供法律保障；地方政府要通过制度设计明确学校、企业、学生三方的各方权益，尤其要规定学徒在现代学徒制企业的人身意外伤害保险、学生实习责任保险、工伤保险等内容，同时还要通过税收减免、培训补贴等优惠政策，根据企业培养现代学徒制学生的数量和质量，按照合理的生均标准给予经费支持等；校企双方也要通过具体的管理制度明确规定学徒在企业的具体岗位、教学内容、权益保障等，切实保障其工作安全和学习权益。

2.“双平台”基础保障——多维宣传和正面引导并行

现代学徒制作为传统校企合作培养模式的一种升级深化，首先应打开学生的认知面。调研中发现，有近五成的学生认为获得现代学徒制的主要信息来源为学校。因此，应将学校作为提高现代学徒制宣传力度的主要场所和渠道。首先，学校作为学生可接触的最直接平台，可以招生宣传—入学教育—专业介绍—毕业教育等为轴线融入现代学徒制的介绍；其次，联合企业开展现代学徒制讲座与推荐会，组织学生参观现代学徒制试点企业，组织优秀校友与学生分享经验等，让学生正面了解现代学徒制的实施过程，对其就业的作用，改变部分学生对现代学徒制的错误认识[10]。

3.“双主体”培养保障——政府推动与校企转型并驱

现代学徒制是以企业和学校为参与主体的制度。目前，许多地方政府对参与企业的优惠政策不明朗，经费支持不够。参与企业要为学徒安排岗位，解决食宿，还要购买保险和支付工资，而人才培养又具有延时性和潜在性，尤其是学徒学成后的流动性很大，企业的投资和回报在短期内处于失衡的状态，造成现代学徒制的推进企业冷、学校热的局面。这种局面的出现导致部分学校急功近利，对愿意参与现代学徒制的合作企业只“拉”不“选”，参与企业的岗位资源、师傅水平等各项能力明显不足，学徒目标岗位与学徒职业能力匹配度低，名义上的真实岗位“师带徒”模式演变回传统的顶岗实习“放羊式”模式，损害学徒的利益，也背离了开展现代学徒制的初衷[7]。政府部门应加快制定税收优惠、企业人力资源保障等相关政策，保障企业的各项权益。企业也应转变观念，改革原有的人事制度和招工制度，将企业招工与人才培养相结合，建立企业发展的人才培养与储备战略。学校也应突破以学校为单主体的制度路径依赖，邀请企业参与到现代学徒制人才培养的各个环节中，实现现代学徒制“双主体”培养的有机融合[11]。

4.“双导师”队伍保障——科学甄选与内训提升并施

“双导师”队伍水平的高低，尤其是企业师傅的能力条件与带徒积极性直接影响技术技能人才的培养质量。因此，企业一方面要针对行业、产业特点，结合企业人员的技术特点、专业知识水平，制定选拔标准，组织专家对企业人员的专业知识、业务能力、品行操守等进行综合考评，选拔具有高技术技能水平、良好的职业道德的技术骨干来担任师傅。另一方面，企业还需通过加强内部制度建设和激励机制，如提高师傅的工资薪酬、福利保障等，给予带徒师傅物质奖励，举行优秀师傅表彰大会并给予晋升奖励，最大限度保障师带徒的“投入-产出”比，提高师带徒的主动性和积极性，更好地实现“师徒传承效应”。职业院校也应主动作为，通过建立“双师”工作室等形式实行“专业教师”与“能工巧匠”一对一结对，引入企业真实任务或技术攻关项目，提高专业教师的职业岗位技能和实践教学能力，大力培养具有企业师傅能力的校内“师傅型”师资。只有“双导师”队伍素质整体提升，才能切实保障现代学徒制的实施效果，提高技术技能人才的培养质量。

5.“双身份”权益保障——法律增补与合同约制并重

部分现代学徒制试点企业没有合法保障学生（学徒）的学习权益和工作权益，在企业给其安排的学习内容与其在学校所学的专业之间往往并没有任何关联，而且工作时间超长，极大侵害了学生的权益。2022 年 4 月修订的《中华人民共和国职业教育法》中的第五十条明确规定：“国家鼓励企业、事业单位安排实习岗位，接纳职业学校和职业培训机构的学生实习。接纳实习的单位应当保障学生在实习期间按照规定享受休息休假、获得劳动安全卫生保护、参加相关保险、接受职业技能指导等权利；对上岗实习的，应当签订实习协议，给予适当的劳动报酬。职业学校和职业培训机构应当加强对实习实训学生的指导，加强安全生产教育，协商实习单位安排与学生所学专业相匹配的岗位，明确实习实训内容和标准，不得安排学生从事与所学专业无关的实习实训，不得违反相关规定通过人力资源服务机构、劳务派遣单位，或者通过非法从事人力资源服务、劳务派遣业务的单位或个人组织、安排、管理学生实习实训。”这是以法律形式规范了学生在实习期间的休息休假、实习安全、实习保险、实习协议、实习指导、实习内容和标准以及实习管理等内容，可以依法维护学生的合法权益，为现代学徒制的有效实施提供了法律保障。

教育部与人力资源和社会保障部可以依据法律条款，共同制定两份合同范本：学校与企业合同及学徒与企业合同。在学校与企业合同中，必须明确规定双方的合作方式（比如学徒招收和培养方式）、合作内容（比如学习内容）、合作条件（比如学习场地、实训条件、安全保障等）、合作期限、双方的权利与义务、争议的解决方式等；而对于学徒与企业合同来说，应包含学习期和正式工作期的合同期限，工作和学习内容、方式以及地点、劳动报酬、社会保险、劳动条件和劳动保护等内容。这些正式合同条款可以明确学校、企业、学生（学徒）三方的责权利，签署的合同应当依照法律规定到当地劳动主管部门进行登记备案，以确保现代学徒制中三方关系的合法化，更好地保障学徒的合法权益[12]。

4.5　职业院校轨道交通类专业实施现代学徒制的实践探索

轨道交通类职业院校按照轨道交通企业岗位需求计划开展定向招生、订单式培养。但由于轨道交通类职业院校的大部分专业是铁路特有专业，铁路工作岗位主要分散在铁路沿线，工作环境存在“三高一大（高速、高压、高空、大电流）”的安全风险，企业实施“师带徒”的顶岗实习来培养技术技能人才一直是难以突破的瓶颈。现代学徒制是一种“招生即招工、入校即入厂、校企联合培养”的模式，是职业教育校企合作不断深化的一种形式，被作为培养行业企业需要的高素质技术技能人才、服务经济社会发展、解决行业企业人才短缺的最佳途径之一[5]。

广铁职院作为广东省唯一一所以培养轨道交通、铁路等特有专业人才为主的全日制普通高等职业院校，校企合作办学经验丰富。广铁职院对接轨道交通产业链与珠三角经济发展需求，选择知名度高、规模较大、运行良好、管理规范、人才需求量稳定的大中型企业作为合作企业，在探索实践“政校行企”协同育人的现代学徒制人才培养模式方面迈出了坚实的一步。总结广铁职院轨道交通类专业开展现代学徒制的实践经验，能够为同类职业院校轨道交通类专业实施现代学徒制人才培养模式提供借鉴。

一、“政校行企”联动，搭建需求匹配的育人平台和用人平台

《国家中长期教育改革和发展规划纲要（2010—2020 年）》中提出“创立高校与科研院所、行业、企业联合培养人才的新机制”。人才培养体制改革的重点是建立“政产学研”合作育人、全社会支持和参与高校人才培养的新机制。可见，高素质技术技能人才的培养需要政府、学校、企业和个人四位一体共同

努力。现代学徒制试点工作的基础是改变当前学校单主体办学的现状，发挥政府主导作用，构建企业与学校“双主体”合作育人平台，让学校育人平台与企业用人平台相匹配，实现岗位培养与企业需求对接，人才培养与产业需求对接，课程内容与职业标准对接，教学过程与生产过程对接，毕业证书与职业资格证书对接，形成“政校行企”合力试点现代学徒制的氛围。在现代学徒制的试点阶段，国家政策尚不完善，作为培养高素质技术技能人才的职业院校，应当主动作为，面向国家战略性新兴产业“产学研用”的协同创新，在政府对人才培养进行统筹的基础上，进一步完善与科研院所、行业企业、高新技术开发区联合培养人才的机制，依托“政校行企”四方共建协同育人平台，创新合作机制，围绕行业企业用人需求与岗位标准，坚持“双主体育人、双身份转换”，按照学校教育和企业学徒的标准、内容和组织要求，探索建立起政府引导、行业合作、企业主动参与、学校强化育人的动态平衡治理格局，形成人才共育、过程共管、成果共享、责任共担的紧密型合作办学体制机制。

1. 共建职业教育集团

广铁职院移交转制以来，坚持“分家”不“分离”，继续坚持服务轨道交通产业链的方向不动摇，坚持校企合作、开放办学的道路不动摇，不断整合与拓展行业资源、企业资源、校友资源，在广州市政府的指导和支持下，对接珠三角轨道交通和先进制造业，组建由学校牵头，行业协会、企事业单位、职业院校等共同组成的广州工业交通职业教育集团（以下简称“集团”）。集团以培养适应经济社会发展的高素质技术技能人才为核心，立足区域经济发展和产业结构转型升级实际，科学谋划，创新发展，汇聚政府、行业、企业、学校等多方力量和智慧，构建“人才共育、过程共管、成果共享、责任共担”的紧密型实体化运行机制，搭平台、拓路径、建高地，发挥出职教集团服务地方经济社会发展的重要功能，开辟出“合作办学、协同育人、共同发展”的新路径，被立项为广东省示范性职业教育集团建设单位和国家示范性职业教育集团培育单位。

集团紧紧围绕广东省战略性“双十”产业集群等重点领域，主动服务区域产业发展和综合交通运输体系建设需求，聚焦装备制造、工程监测、运行维护、信息通信等核心技术领域，以产业链为纽带，以市场需求为导向，以“实体项目运行对接产业集群发展”为核心，依托“政校行企”等多元合作载体，协同创建产教融合、“产学研创”、国际合作等育人平台，主动服务国家“一带一路”倡议、中国高铁“走出去”、广州国际综合性交通枢纽及粤港澳大湾区建设，联合集团内核心合作单位，升级集团合作机制，牵头成立华南“一带一路”轨道交通产教融合联盟，面向东南亚、非洲和中欧大陆等“一带一路”沿线国家和地区，合作打造亚欧高铁合作学院、东南亚职业教育中心、高铁技能培训中心等运行实体，深度开展产业学院、现代学徒制试点、混合所有制二级学院等实质项目，探索出“集群+实体”的集团化办学模式（见图 4.5），稳步推进集团实体化运作，将集团打造成为产教融合发展高地、高水平人才输送高地、技术创新服务高地，推进职业教育高质量发展，更好地服务区域经济建设。

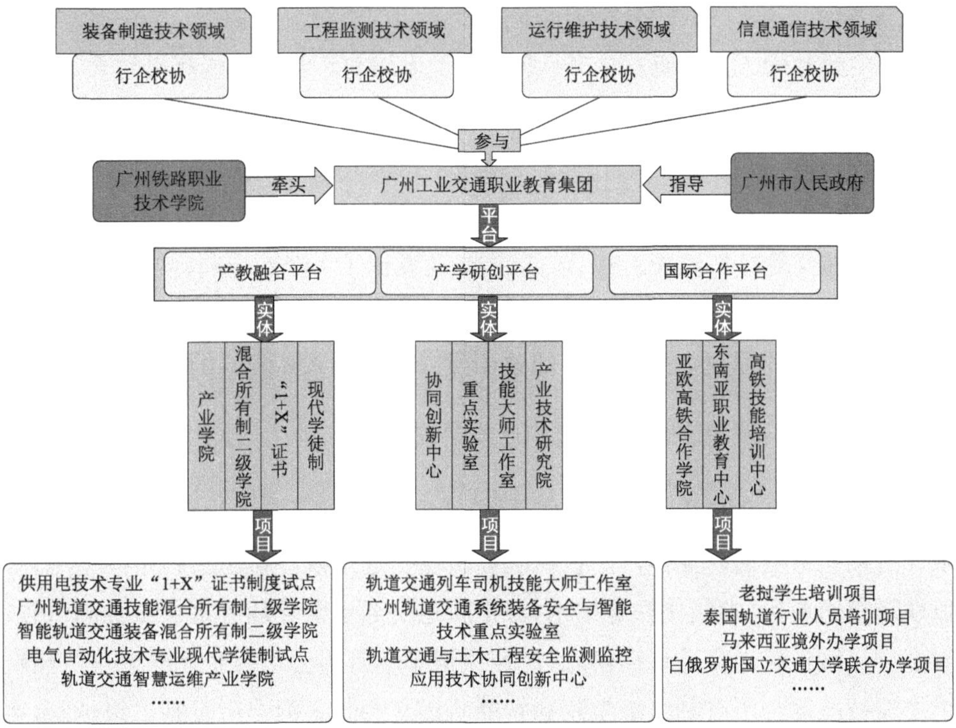

图 4.5　集团“集群+实体”合作办学模式

2. 共建工学结合示范园

广铁职院服务区域经济发展，针对区域中小微企业转型升级需要，在广州市政府、花都区政府和广州市教育局的支持下，联合花都区粤宝丽工业园，引进企业共建“厂中校、校中厂”工学结合示范园。将先进制造类、电子信息类相关的 8 个专业迁入园区，组建机械电子学院；引进 6 家企业承包共建生产性实训车间，建设“校中厂”；成立政校企管理委员会，建设“厂中校”。校企投入设备，以车间生产需求为主体、实践教学需要为主导建设示范园。制定“管委会章程”，实施“管委会—项目部—工作室”三级管理体制，实施《园区校企合作例会制度》《示范园企业准入、评价和退出管理办法》等 16 项制度，对接园区产业供给侧结构性改革变化，形成专业撤并与专业新设相结合的专业动态调整机制，实现专业与产业同频共振，构建主动契合产业发展新常态的长效育人机制。按照教学和生产需要，通过政校出土地、设备，企业以知识、技术等参与办学，共建产教融合实训基地，示范园内资源统一调度、集中管理，实现了“实践教学、技术研发、产品加工、大赛培育”四大功能有机结合，形成了“教室与车间一体、教师与师傅一体、学生与员工一体、作业与产品一体”的“产教一体、寓学于工”人才培养模式，并在全院各专业推广实施。轨道交通类专业探索了“岗位定向、订单式培养”模式，先进制造类专业形成了“产学互动、多岗轮换”模式，电子信息类专业设计了“产品导向、项目递进”模式，现代服务类专业设计了“职业引导、能力递进”模式，各专业形成了独具特色的人才培养模式，工学结合的改革要求落实到人才培养的全过程。

3. 共建混合所有制二级学院和产业学院

依托广州工业交通职业教育集团，切合珠三角地区产业结构调整的客观需求，对接轨道交通产业链，广铁职院以轨道交通学院、机电工程学院为主体，以轨道交通车辆、电气化铁道技术、城市轨道交通运营管理等重点专业为引领，联合广州城市轨道交通培训学院、广州铁道车辆有限公司等企业成立了广州轨道交通技能混合所有制二级学院和智能轨道交通装备混合所有制二级学院，实现了试点二级学院在模式、平台、系统等方面的有效突破，优化以理事会为核心的“政校行企”协同创新模式，打造集人才培养、企业培训、咨询服务和成果转化于一体的混合所有制二级学院；同时，与广州智能装备产业集团有限公司、广州数控设备有限公司、深圳市商汤科技有限公司、广州南方测绘科技股份有限公司 4 个公司签订协议，合作共建产业学院。2020 年 7 月，与广东省物联网协会共建的“轨道交通及物联网应用产业示范学院”被立项为广州市市级校企合作示范学院。通过合作共建产业学院，实现了校企精准对接，打造了产教融合发展新业态，更好地服务职业教育高质量发展。

4. 共建生产性实训基地

广铁职院联合中国铁路广州局集团有限公司、广州地铁集团有限公司等企业，面向轨道交通类专业群人才培养，投入8000多万元，以虚拟现实、人工智能等新一代信息技术为手段，将轨道交通真实设施与信息技术深度融合，建成了集实训教学、职业培训、技能鉴定、科技服务于一体的国内领先水平的轨道交通综合仿真实训基地，充分将企业工作过程融入教学全过程，打造了集高铁、普铁、地铁的行车调度、车辆驾驶、车站服务等多工种联合演练实训平台。充分依托集团等合作平台，与226家行业企业建立了紧密合作关系，联合制定基地管理规章制度，注重校外实习基地的教学功能开发，在广州地铁集团有限公司、中国铁建股份有限公司等企业建立了173个校外实习基地和大学生校外实践教学基地。基于“校中厂”理念，学院创新实训室管理体制，以专业实训室为依托，以典型项目引路，建立以学校名师与企业能人冠名的“双师”工作室，联合企业组成“指导委员会—职能部门—‘双师’工作室”的管理架构，先后完善出台与工作室管理、专项经费、考核细则及评估奖励等有关的6个管理办法，构建了以工作室为平台的“校中厂”式实践教学新体制，形成实践教学校企合作的长效运行机制，建成1个国家级生产性实训基地、1个教育部ICT行业创新基地、1个市级重点实验室、2个国家级技能大师工作室、7个省级技能大师工作室、29个企业工作站以及31个“双师”工作室。

二、校企互动共享，构建相互衔接的运行机制和保障机制

为保障现代学徒制“双主体”的互利共赢，广铁职院围绕校企协同育人、人才培养、“双导师”团队及质量监控等方面出台了系列保障机制，规范现代学徒制协同育人、招生招工、教学安排、学生管理等方面的工作，全面保障现代学徒制试点专业的人、财、物、资源及信息。共建协同互惠的校企共同体，从合作主体的责权利出发，签订校企合作协议，明晰现代学徒制试点相关利益者的责权利，明确经费投入和成本分担，保障各主体的权益，实现资源共享，

形成紧密型运行机制，创新协同育人长效机制。例如，铁道供电技术专业联手合作企业，以“电气化铁道技术校企合作学院”及广州市“轨道交通特色专业学院”为平台，共建“特色专业学院”，校企双主体在设备、场地、技术、人力资源等多方面共同投入办学，共建“学校—特色专业学院—专业（工区、室、站）”三级校企协同育人平台；计算机应用技术专业由“学校+行业学徒中心+中小企业”三方组成校企育人实践共同体，依据学校和行业企业共同制订的人才培养目标，形成“行业确定标准、企业提供岗位、学校保证育人质量”的三方协同人才培养运行机制。同时，广铁职院遵循制度分析理论的共享、整体、动态、具体等特征，寻找校企合作的基础和核心利益点，从培养目标与规格、培养内容、师资队伍、教学环境、考核评价等方面，设计了校企共同建构纵向衔接、横向贯通的现代学徒制管理制度体系，构建了人才共育、过程共管、资源共享、责任共担、利益共存的运行机制。通过规范组织、完善制度、构建机制，现代学徒制校企“双主体”协同育人培养的运行机制和保障机制得到了有效的衔接和推动。

三、校企深度融合，探索各具特色的培养模式和育训模式

1. 双元培养，创新校企合作育人模式

广铁职院秉承行业办学的深厚背景，探索“产教一体、寓学于工”的人才培养模式，与中国铁路广州局集团有限公司、广州地铁集团有限公司等骨干轨道交通企业紧密协同，加强广州工业交通职业教育集团的运行，形成以轨道交通类专业为龙头的订单式培养、现代学徒制培养等多种培养模式，在专业共建、培养标准合作制订、课程资源联合开发、师资共建、订单式培养、现代学徒制培养等方面取得了很好的成效，深度实现了校企精准对接和精准育人。以计算机应用技术和铁道供电技术 2 个现代学徒制试点专业为主要载体，辐射带动物流管理、旅游管理、电气自动化技术等其他专业开展了省级现代学徒制试点，共 9 个专业、24 个班级、近 320 名学生开展了现代学徒制试点，通过校企合作，为粤港澳大湾区及华南地区轨道交通产业输送了大批技术技能人才，服务了区域经济社会发展。

广铁职院电气化铁道技术专业与通号（长沙）轨道交通控制技术有限公司

合作共组现代学徒制班，在铁路生产一线共建教学工区，将课堂设在车间、站所与工区，变传统的实习、顶岗“两阶段”为新型的学习、跟岗实习、顶岗实习、上岗独立作业“一体化四阶段”。学生在校内完成生产性实训，经过企业严格考核，获取企业颁发的技能资格证书和安全资格证书，具备上岗职业基本能力和安全作业的素质，第3学年到教学工区开展顶岗实习与独立上岗培训，同步完成企业新员工入职培训内容。企业采取“以师带徒”的方式培养学生，保证学生有足够的企业实习岗位和指导师傅，学生顶岗实习与独立上岗培训结束后即可基本具备高级工的职业技能和职业素质，直接成为企业的准员工。机电设备维修和管理专业与广州南车城市轨道装备有限公司成立现代学徒制班，学生于第2学期后半段在企业以工学交替的形式跟岗实习，第3学期进行顶岗实习，第4学期进行上岗独立作业，获得企业要求的上岗资格证并成为企业考核验收合格的学徒，其工资补贴不低于同等员工，最终成为企业的正式员工。广铁职院通过实践，形成了以教学工区为产教融合实体的校企双主体育人机制，确保企业深度参与人才培养全过程，实现从现代学徒制人才培养方案的设计到实践，从学生管理到教学管理的全过程合作，形成了依托特色专业学院建设平台的现代学徒制校企“双主体”协同育人模式。

《教育部关于开展现代学徒制试点工作的意见》（教职成〔2014〕9号）中提出“鼓励试点院校采用现代学徒制形式与合作企业联合开展企业员工岗前培训和转岗培训”[7]。广铁职院依托轨道交通特色专业，校企联合在轨道交通行业员工培养上拓展“现代学徒制”培养模式。2013年9月，福州地铁集团有限公司从当地招聘180名非轨道交通类专业本专科毕业生，全部委托机车司机合作学院的车辆驾驶、车辆检修、电气化铁道技术、运营管理和信号控制5个专业进行为期一年的岗位专业能力培养，开展校企“双主体”育人。他们经过企业笔试、实操和面试等验收环节后，直接作为公司首批上岗职工，全面实现了培训与上岗的无缝对接。这种培养模式可以有效解决轨道交通产业高质量发展中一线技术技能人才供不应求的难题。

2. 赛教结合，提高学生创新实践能力

国家将职业技能竞赛定位在“三个结合”上，即技能竞赛与专业教学相结合、系统组织与行业企业相结合、个人发展与团队协作相结合。这对于引领职

业院校的专业建设，加强“校企合作、工学结合”的办学模式及创新人才培养模式具有重要的意义。广铁职院将职业技能竞赛作为职业院校高素质技术技能人才培养改革创新的着力点，以赛促学、以赛促教、以赛促改、以赛促建，学生的创新实践能力得到显著提高，从而更好地为区域经济发展服务。2007 年以来，学生在国家、省、市等各类技能大赛中获奖 300 余项，其中电子产品设计、数控技术、数学建模等竞赛屡获国家级、省级殊荣。

3. 项目驱动，提升教师社会服务能力

广铁职院依托广州工业交通职业教育集团，以服务轨道交通产业技术创新、粤港澳大湾区智慧轨道交通体系建设为导向，以动态联盟、战略协同为纽带，以“双师”工作室、专业教师企业工作站为载体，共建一批集“产学研用”于一体的创新平台，培育一批轨道交通技术领域创新团队，以具体合作项目为驱动，与行业企业合作，积极开展技术服务，全面推进了校企深度融合。主动对接轨道交通产业链中、下游产业的装备制造、工程监测、运行维护、信息通信等技术领域，按照产业咨询、实验测试、“产学研用”三个层次，统筹规划应用技术创新平台基本框架，搭建了“三层次”技术创新服务大平台。一是精准对接粤港澳大湾区轨道交通产业链，依托轨道交通与机电类主体专业，“政校行企”四方合作共建共享，建成了集人才培养、科技研发、培训服务等于一体的“轨道交通与土木工程安全监测监控”“轨道交通安全与智能运维”“轨道交通装备减磨抗磨及修复”3 个国家级协同创新中心，培育了省级工程技术中心 1 个，省级创新学术团队 4 支，市级创新学术团队 1 支。二是创新“1+1+1+N”产学合作模式，建成 1 个共享型市级重点实验室。以广铁职院、广州新科佳都科技有限公司、广州地铁集团有限公司三方为引领共建广州轨道交通系统装备安全与智能技术重点实验室，并联合中国铁路广州局集团有限公司等单位共同参与技术研究开发与测试推广等，形成了“1+1+1+N”“产学研”合作框架。三是推动教育链与产业链的信息融通，培育 1 个高层次、复合型粤港澳大湾区轨道交通产业技术研究院，为粤港澳大湾区轨道交通产业结构转型升级和综合交通体系建设建立智库平台。

参 考 文 献

[1] 关晶. 迈向高质量：中国特色学徒制的发展愿景与推进路径[J]. 教育发展研究，2022，42（Z1）：23-30.

[2] 陈俊兰. 现代学徒制的合理性、现实性与合法性研究[J]. 职教论坛，2014（16）：19-24.

[3] 赵有生，王军，张庆玲，等. 高职院校现代学徒制的实践探索：以长春职业技术学院为例[J].职业技术教育，2014，35（11）：72-74.

[4] 赵鹏飞，李海东，张志，等. 广东特色现代学徒制实践探索与未来趋向[J]. 中国职业技术教育，2019（20）：5-12.

[5] 徐芳. 校企合作推动“双师型”教学团队建设问题研究[J]. 南方职业教育学刊，2013（6）：64-67.

[6] 向成军，张红兰. 我国现代学徒制的政策发展轨迹与实现路径[J]. 中国职业技术教育，2015（9）：28-32.

[7] 欧阳丽，罗金彪. 现代学徒制管理制度体系的设计与思考[J]. 职教论坛，2017（4）：28-34.

[8] 周琳，梁宁森. 现代学徒制建构的实践症结及对策探析[J]. 中国高教研究，2016（1）：103-106.

[9] 赵志群，陈俊兰. 我国职业教育学徒制：历史、现状与展望[J]. 中国职业技术教育，2013（18）：9-13.

[10] 黄洁琦. 现代学徒制模式下学徒法律地位界定的立法探究[J]. 广东技术师范学院学报，2017（3）：22-26.

[11] 林巧. 现代学徒制学徒权益保障法律困境及解决对策探析[J]. 浙江工商职业技术学院学报，2017（3）：56-60.

[12] 陈爽. 基于协同育人视角的中国特色现代学徒制探析[J]. 中国职业技术教育，2015（10）：76-79.

第5章

面向“三教”改革的教学管理与评价体系

本章概要

本章围绕“三教”改革背景下职业院校“如何管理”和“如何评价”两大问题展开论述。

首先，从职业院校教学内涵建设项目管理改革、实践教学管理改革、二级学院教学管理改革、教务管理系统改革方面，回答“如何管理”的问题。其次，从校企合作教学质量评价体系、教师评价体系等方面，回答“如何评价”的问题。明确了校企合作教学质量评价体系的构建原则、构建思路，分析了教师评价制度的现状、存在的问题，提出了改进策略。

5.1 职业院校教学内涵建设项目管理改革——以广州市属职业院校为例

2017 年，广东省教育厅等五部门联合印发《关于广东省深化高等教育领域简政放权放管结合优化服务改革的实施意见》，指出“明晰学校与二级教学单位之间的责、权、利关系，建立二级教学单位的管理体制、规章制度和治理结构”。随后，广东省将高等职业教育教学质量与教学改革工程（以下简称质量工程）项目进行了不同程度的权力下放，在项目立项方面，大部分一般项目由各职业院校按照省教育厅要求，自行组织开展项目认定工作；在经费预算方面，除重大事项需要报省教育厅备案外，其他项目的经费预算、具体建设内容均由各职业院校按照相关要求自行确定，各职业院校可以在履行校内专家论证程序的情况下，根据实际情况自行调整；在项目资助方式上，除个别重点项目外，其他质量工程项目的经费资助均由各职业院校自行安排和资助。自主权的下放为职业院校内涵建设项目管理提出了新的课题和挑战，职业院校必须做好内涵建设项目从申报、遴选、监控、考核到验收等全生命周期的管理工作。

一、广州市属职业院校教学内涵建设项目的主要类别和管理模式

在内涵建设项目方面，广州市属职业院校可接受教育部、省教育厅、市教育局三级教育主管部门的支持与管理。近几年，各级主管部门在内涵建设项目上均结合国家相关高校政策进行了系列改革，但推进速度各有不同。

1. 教育部教学内涵建设项目的主要类别与管理模式

教育部组织开展的职业院校内涵建设项目主要包括专业、课程、基地和教材共四类项目，项目申报按照“中央政策引导、省级统筹管理、学校具体实施”的原则和“学校申报、地方审核、中央认定”的程序，将主导权下放至省级教育主管部门；验收工作按照“学校总结、省级验收、两部评价”的方式进行，实行省、部双重考核；在项目资金支持方式上，从 2014 年开始，教育部对各

职业院校内涵建设项目资金支持依据中央财政的财力状况和各地职业教育改革进展情况等因素确定，以奖补资金的形式分配到各省，再由省级教育管理部门分配至各职业院校，经费使用自主权下放至学校。

2. 广东省教学内涵建设项目的主要类别与管理模式

广东省将品牌专业、校内实践教学基地、教学团队、教育教学改革研究与实践项目等 11 类项目纳入质量工程建设项目。自 2017 年起实行了放管结合改革，将 11 类项目整合为专业类、基地类、教师类和教学改革类共四大类项目，如表 5.1 所示，并在项目遴选方式上将部分项目的立项、资助权力下放给高校。在下放相关责权后，省教育厅进一步强化了对相关项目的监管和绩效考核，在综合考量学校规模、管理水平、办学实力前提下，将校级质量工程项目资金投入、建设和管理情况作为确定各职业院校质量工程项目名额的重要参考指标，同时将项目管理、资金管理、实习管理、学籍管理、招生考试等工作存在的重大问题作为减少项目指标或取消申报资格的条件。

表 5.1 广东省质量工程项目一览表

类别	项目名称	类型	立项方式
专业类	1. 品牌专业	重点项目	院校推荐/教育厅评审
	2. 专业教学资源库	重点项目	院校推荐/教育厅评审
基地类	1. 校内实践教学基地	一般项目	院校推荐/教育厅评审
	2. 大学生校外实践教学基地	一般项目	学校认定
	3. 应用技术协同创新中心	一般项目	学校认定
教师类	1. 教学团队	一般项目	学校认定
	2. 专业领军人才	一般项目	院校推荐/教育厅评审
	3. 高层次技能型兼职教师	一般项目	学校认定
	4. 技能大师工作室	一般项目	学校认定
教学改革类	1. 教育教学改革研究与实践项目	重点项目	院校推荐/教育厅评审
	2. 精品在线开放课程	重点项目	院校推荐/教育厅评审
	3. 大学生创新创业训练计划项目	一般项目	学校认定

3. 广州市教学内涵建设项目的主要类别与管理模式

广州市 2013 年启动职业教育内涵建设系列工程，逐渐将原有的特色专业、示范性专业、示范性实践教学基地、实训基地、教学团队、精品课程、双语教学示范课程、实验教学示范中心等多类项目整合为重点专业建设工程、教师队伍建设工程、教学改革工程、教学资源建设工程和实训基地建设工程共五大类，如表 5.2 所示。近年来将内涵建设项目经费预算自主权下放，每年由各职业院校根据需要，以财政专项方式报送至市教育局统一审批后下拨，但在项目遴选、立项、管理及验收方面的改革还在进一步探索中，目前仍由市教育局统一组织和安排评审以及考核。

表 5.2　广州市教学内涵建设项目一览表

类别	项目名称
重点专业建设工程	1. 重点专业
	2. 特色专业学院
教师队伍建设工程	1. 教学团队
	2. 教师教学发展示范中心（专业教师实践基地）
	3. 教学名师
教学改革工程	1. 教改项目（含攻关项目）
	2. 大学生创新创业训练项目
教学资源建设工程	1. 精品在线开放课程
	2. 立体化教材（优秀教材）
	3. 教学资源库
实训基地建设工程	1. 示范性实训中心
	2. 实训基地

二、职业院校教学内涵建设项目管理的主要问题

职业教育的“放管服”改革是近年来为了提升职业院校自主权、激发办学活力而推行的一种举措，职业院校对于这种改革存在既期待又担心的双重心态[1]。职业教育教学内涵建设已在政府导向、统筹、管理、监控下经过多年运作，实

行“放管服”改革后，院校如何承接下放的责权，政府如何有效监管和服务，都将成为改革中的难点。当前最主要的问题包括以下四个方面。

1. 学校承接责权下放的管理经验不足

职业院校的内涵建设与管理人员受传统管理模式影响，在观念、习惯等方面已形成固定思维模式，对“放管服”内涵认识不透彻，对于怎么“接”、如何“管”、怎样“服”、如何向下一级“放”等都需要打破固有模式，进行系统化设计，在相关思路厘清之前，存在不敢放手改革、怕犯错、等靠要等思想，直接影响“放管服”改革的有效落地。

2. 院系二级教学单位项目管理组织机构缺失

在改革初始阶段，职业院校在学校一级承接责权下放的管理组织相对健全，但是管理经验缺失，对于进一步责权下放，较多职业院校存在二级教学单位管理组织机构缺失或者不健全的问题，表现在：一是二级教学单位的领导对于所承接的责权认识不到位，对于负责人的工作分工、责权体系不能有效界定；二是二级教学单位欠缺拥有项目管理的专业知识，对项目的类型、要求等内涵有深入了解的专职人员，无法起到指导和管理的作用。

3. 学校“放管服”保障机制不健全

推进职业教育“放管服”改革不是政策文件的简单结合，而是各种政策制度产生的化学反应，是一项复杂的系统工程[2]。职业院校现有的管理制度已不能适应改革需要，特别是在几个核心领域，难以保障“放管服”改革的实施。一是标准化管理机制不健全。“放管服”改革后，职业院校在项目遴选、验收等领域的权力进一步加大，若相关管理或监控流程不规范，会造成权力真空，出现一放则乱的困境。二是配套的经费资助机制尚未建立。相关项目由各职业院校自主安排，但各职业院校投入方式各有差异，且内涵管理和财务管理人员对“放管服”改革的理解不够深入，难以保证经费的有效落实。三是各级内涵建设项目管理人员的培养机制尚未建立，难以满足新管理模式的需要。四是有效的激励机制尚未建立。“放管服”改革后，对项目负责人、管理人员的工作要求进一步提高，需要对其岗位职责进一步梳理，并通过有效的物质激励推动改革。

4. 政府服务职能未充分发挥

推进“放管服”改革以来，出现了“放”得快、“管”得迟、“服”得不够的现象。国家政策出台以后，各地方教育主管部门陆续将相关责权下放到职业院校，多数职业院校未做好承接的准备工作，对于突然下放的责权，无法在短时间内完成管理模式的变革。在过渡期间，政府部门“管”与“服”的职能发挥存在不足，对于如何监管下放的责权还没有形成统一的监督机制，各级行政部门之间缺乏协调，行政审批程序仍旧烦琐，以审代管、以罚代管仍然是对职业院校内涵建设项目的主要管理模式，在如何优化服务、如何为职业院校提供更多的指导方面存在短板，在一定程度上阻碍了职业院校改革的步伐。

三、职业院校推进教学内涵建设项目的主要策略

1. 建立内涵建设项目矩阵式管理组织

为了推进内涵建设项目“放管服”改革，应首先在职业院校教学工作委员会的领导下，建立健全基于项目管理办公室（project management office，PMO）的院系二级项目管理组织，如图 5.1 所示。一是在职业院校层面成立内涵建设项目管理办公室，办公室可与职业院校教学内涵建设项目主管部门合署办公，负责各类项目的集成管理、指导服务、监管监控等；二是二级教学单位应建立

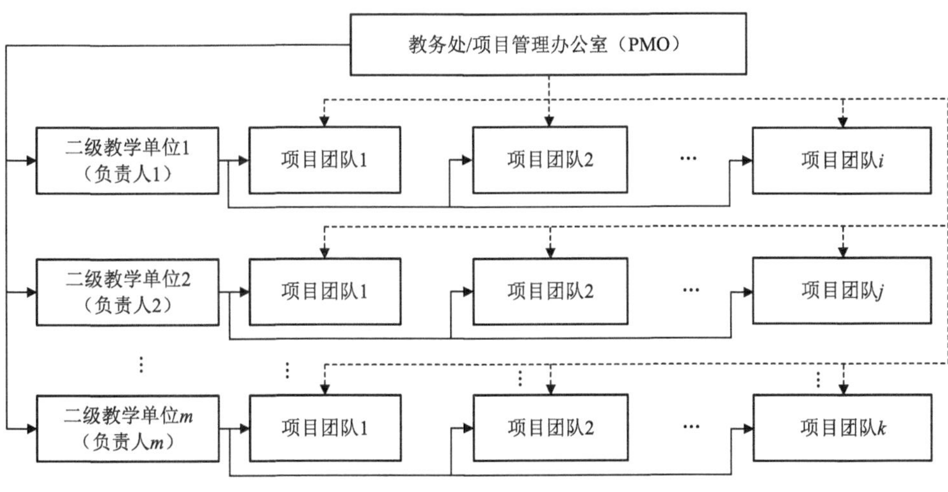

图 5.1　基于 PMO 的内涵建设项目“放管服”管理组织

内涵建设项目管理工作委员会等专项管理组织，负责承接项目的培育、遴选、人员组织、工作协调等，并设置秘书岗位负责相关工作的统筹协调；三是以二级教学单位为主导成立若干项目组，承接内涵建设项目的建设工作。这种基于PMO的管理组织是一种强矩阵结构，既能体现项目式管理的扁平化和灵活性，又能实现职能组织的指导和监控作用。

2. 建立内涵建设项目二级教学单位责任清单

做好"放管服"改革的关键是做好责权的承接和下放，对于职业院校而言，需要清晰界定各级职责，一方面强化学院职能部门对教学内涵建设项目的顶层设计、指导和服务功能，另一方面将责权不同程度地下放至各二级教学单位，让二级教学单位拥有更多的自主权。内涵建设项目管理的责权体系可以用责任清单的形式体现，如表5.3所示。授权涵盖了制度管理、项目遴选、项目过程管理和项目经费管理四个方面的职责。在制度管理方面，由学院制定总的指导性的制度文件，各二级教学单位根据本单位情况制定具体的实施细则；在项目遴选方面，除上级行政部门有特殊要求的项目以及部分重点项目外，其他项目均由各二级教学单位自行组织申报和认定，并报学院备案；在项目过程管理方面，由各二级教学单位根据学院或上级行政部门要求自行组织；在项目经费管理方面，由各二级教学单位纳入年度部门经费预算统筹安排，重大项目由上级部门或学院统筹安排专项资金。

表5.3 教学内涵建设项目二级教学单位责任清单

事项	内容	学院职责		二级教学单位职责	
		改革前	改革后	改革前	改革后
内涵建设项目制度管理	内涵建设项目制度的制定	制定	制定	参与	制定
院级项目管理	院级项目申报	组织、审批	组织、备案	参与	组织、审批
	院级项目中期检查	组织	备案	参与	审批
	院级项目验收	审批	审批	参与	审批
市级项目管理	市级项目申报	审核	备案(重点项目除外)	参与	审核(重点项目除外)
	市级项目中期检查	组织	备案	参与	审批
	市级项目验收	组织	审批(重点项目除外)	参与	组织

续表

事项	内容	学院职责		二级教学单位职责	
		改革前	改革后	改革前	改革后
省级项目管理	省级项目申报	审核	备案（重点项目除外）	参与	审核（重点项目除外）
	省级项目中期检查	组织	备案	参与	组织
	省级项目验收	组织	审批（重点项目除外）	参与	审核
国家级项目管理	国家级项目申报	审核	审核	参与	组织
	国家级项目中期检查	组织	组织	参与	参与
	国家级项目验收	组织	组织	参与	参与
项目经费管理	经费预算	审批	备案	—	审批
	经费下达	审批	备案	—	审批
	经费报销	审批	审批（分额度）	审核	审核/审批（分额度）
	经费使用绩效考核	组织	组织	—	组织

3. 推动内涵建设项目“放管服”改革试点

“放管服”改革是一个综合性的系统工程，对于职业院校而言，需要考虑现有承接能力，进行体系化的设计和整体推进。试点改革是推进初期“放管服”改革的有效手段，广东省在省一流校建设中将“试点二级学院”建设作为重要建设内容之一，希望通过二级教学单位体制机制改革激发办学活力。职业院校可参照此改革策略，将内涵建设项目管理“放管服”改革纳入“试点二级学院”的改革内容，并在改革中不断查找问题、寻求策略、改进机制、优化服务，经“试点二级学院”验证成熟后，再面向全校推进改革，可以在提高改革效率的同时保证教学建设的稳定运行。

4. 完善内涵建设项目院系二级管理保障机制

（1）制定标准，做好顶层设计

职业院校可规范管理流程，制定关于内涵建设项目管理、经费使用等方面的文件办法，各二级教学单位再根据学校文件，结合自身实际情况制定具体的细则及管理办法。

（2）加强监控，履行管理职责

职业院校可对“试点二级学院”的内涵建设项目管理情况进行定期检查和不定期抽查，了解项目开展情况，并公开项目检查和抽查结果，加强督促整改。

（3）优化服务，提高行政效率

职业院校可加强业务培训，持续跟进指导，对内涵建设项目的申报、中期检查、验收以及经费预算等涉及项目管理全过程的工作事项进行不定期培训，并充分发挥学术委员会和教学工作委员会的作用，对内涵建设项目的管理和发展进行决策和监督。

（4）完善保障，建立支撑体系

一是建立考核机制，对二级教学单位实行绩效考核，并将考核结果作为调整下一年经费资助额度、立项数量的依据；二是强化驱动机制，将教师参与内涵建设项目情况纳入教师岗位职责并计入工作量，同时对高层次内涵建设项目，以专项奖励形式对主要承担者给予物质奖励。

职业教育内涵建设管理“放管服”改革是大势所趋，但目前还处于改革的初期阶段，还有诸多问题需要解决。职业院校应该遵循“放”得科学、“接”得稳健、“管”得完善、“服”得高效的改革宗旨，在体系设计、组织建设、制度建设等方面不断改革探索，寻求正确的改革路径，并遵循试点改革、分步实施的原则，循序渐进推进这个系统改革工程。通过教学内涵建设“放管服”改革，将进一步提升职业院校在专业建设、教学资源建设、实践教学条件等方面的管理和服务能力，为提高职业院校教学质量和办学水平提供有力支撑。

5.2 职业院校实践教学管理改革——以广铁职院为例

教育部为落实科教兴国战略，制定了《面向 21 世纪教育振兴行动计划》，提出“开发高质量教育软件，重点建设全国远程教育资源库和若干个教育软件开发生产基地”。以广铁职院为例，作为一所近年来由企业移交给地方的院校，学校在移交前是企业办学，规模较小，管理水平、质量亟待提高；移交地方后，现在校学生已经超过 10000 人，实践教学与理论教学课时的比例接近 6∶4，在实践教学管理方面有极大的工作空间。在《国务院关于大力发展职业教育的决定》（国发〔2005〕35号）、《教育部关于全面提高高等职业教育教学质量的若干意见》（教高〔2006〕16号）等文件精神的指引下，探索建立职业院校实践全程实时控制和制度化的质量保障体系已被提上重要的议事日程，也是提高职业教育教学质量的必然要求。

一、确定实践教学管理内容

与理论教学紧密联系的实践教学应构建成一个相对独立的实践教学系统，将各阶段的课程实验和集中实践看成是整个实践教学系统中的一环，而不是孤立地去对待某门课程的活动实践。在大视角下安排各个实践教学活动，更能科学、合理、系统地培养学生的动手能力和创新能力。

经过研究与分析，可以将实践性教学内容分成两种：一是课程的实践性教学，即课程作业、实验、实训、课程设计等，主要在校内实训室或实训基地完成；二是集中实践性教学，即社会调查、专业综合实习（实训）以及毕业顶岗实习（论文或设计）等，主要在校外实训基地完成[3]。实践性教学活动的内容和形式会根据社会的发展进步而不断增添新的内容。广铁职院的实践性教学活动有课程作业、课程实验、岗位实训、模拟实训（如会计模拟实训、模拟法庭实践、汽油机工作原理模拟实训）、仿真实训（如数控机床仿真加工实训）、课堂实训（如数控机床机械拆装、数控机床电气检修、数控加工实训等课程的实训）、知识能力竞赛、技能等级资格证考试、课程设计、专业综合实践（如数控机床装配与检测等专业综合实践）、专题调查报告、专题研究报告、参观学习、三下乡活动、生产实习（见习）、社会实习、毕业顶岗实习、毕业设计（论文）等。

二、构建实践教学管理模式

在充分比较、分析国内外职业教育实践教学管理经验的基础上，充分发挥学院、行业协会、合作企事业单位各自的优势，以自愿参加、优势互补、骨干带动为原则，以服务为宗旨，以契约为保障，以专业发展为纽带，以校企合作为中心，广铁职院根据多年实践教学管理经验的积累和模式的探索，构建了“以学生为中心，以实践教学管理平台为依托，多方协作”的实践教学管理模式，如图5.2所示。

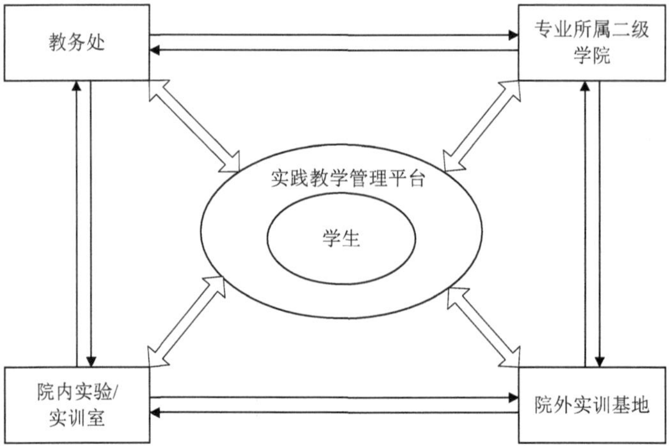

图 5.2 广铁职院实践教学管理模式

在该模式中，“多方”是指实践教学管理与实施的四个部门，各部门的职能如下。

教务处：主要管理实践教学信息。负责学生基本信息的采集、提供和实践教学成绩的汇总；负责各专业实践教学计划、大纲和方案等实践教学信息的上传下达。

专业所属二级学院：主要负责课程作业、课程设计和集中实践性教学。根据教务处的实践教学计划、大纲和方案制订具体的实践教学实施方案和实施细则；根据专业实践条件，提出具体的实践项目，确定校外实践教学基地，并对课程作业、社会调查、社会（教育、生产）实习、课程设计、毕业设计（论文、作业）等集中性实践环节进行组织与实施；对所属专业的上述实践教学环节进行监督和检查。

校内实验/实训室：主要负责课程实验、实训等实践教学。制订课程实验教学实施方案和细则，依据院系的实践教学计划、大纲和实施方案，确定具体的课程实验项目和内容，制订实验评分细则，并组织开设课程实验、模拟实验和岗位模拟训练。

校外实训基地：教学、生产实习（见习）、岗位实训。由各院系专业教师负责联系建立校外实践教学基地，并对校外实践教学基地进行有限的管理，安排学生到校外实践基地进行实践。

学生与实践教学管理平台：学生的实践活动和教师的实践教学安排及实践

教学的管理工作全部依托实践教学管理平台进行管理。

各专业实践教学管理流程不尽一致，也没有固定不变的流程，但将“课程作业—课程实验/实训（模拟实践）—专业综合实践—毕业设计（论文、作业）”这几个重要的实践教学环节抓好了，就能把握好整个实践教学的管理流程。

三、探索校企实践协同运行机制

基于整个实践教学管理系统，在全面考虑校企双方各要素功能的基础上，统筹运作，全面、整体推进校企一体化，将相关要素有机组合，构建一个能确保最优化达成预定目标的协同运行机制。广铁职院实践教学管理体系的运行机制如图 5.3 所示。

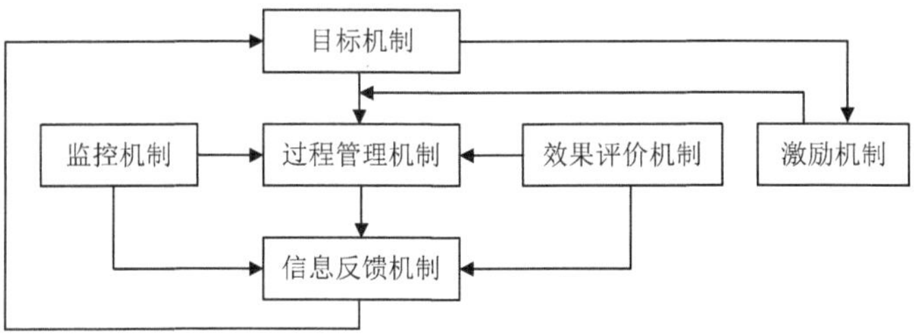

图 5.3　广铁职院实践教学管理体系的运行机制

目标机制：实践教学目标是培养应用型人才，具体地说，就是培养学生的实际动手能力、知识应用能力和技术创新能力。实践教学管理体系的目标机制就是为确保应用型人才培养目标的实现而设置的实践教学管理指标体系。

过程管理机制：涉及由教务处、专业所属二级学院、校内实训室和校外实训基地共同参与并实施的实践教学的全过程，具体包括教务处制订的专业实践教学方案、实践教学规范，审批各专业实践教学实施方案，监控各专业实践教学计划的执行情况；专业所属二级学院按照教务处实践教学有关文件的要求，聘请各类教师，确定具体实践项目、内容及评分细则，组织开展实践项目，对学生的实践教学活动进行考核和评价。专业所属二级学院及校内实训室和校外实训基地共同对各专业的实践教学工作进行督促、检查、验收。

监控机制：主要涉及实践教学信息资源、实践教学过程、实践教学条件、实践教学对象、实践教学师资队伍和实践教学管理队伍六个方面。

效果评价机制：可确保随时对实践教学管理体系进行评价，有利于不断改进管理工作。广铁职院根据实践教学活动特点建立了一整套评价指标体系，并据此设计了一系列考核量表，如实训报告、顶岗实习考核表、毕业设计评分表等，对实践教学管理效果进行评价。

信息反馈机制：主要是完成与实践教学管理工作有关的信息收集、存储、整理和处置，是对实践教学工作及实践教学管理工作进行调控和反馈的机制[4]。信息反馈机制不仅可以检查实践教学管理的目标机制是否设计科学，实践教学的过程管理是否到位，实践教学质量是否能够充分得到保障，还可以增强实践教学管理工作的自我纠错能力，使实践教学管理处于不断优化和完善的过程中。

激励机制：包括正面奖励机制和负面惩罚机制，二者相辅相成。实践教学管理平台信息交互的主体是学生、校内指导教师、企业指导教师及专业所属院系管理部门，只有将实践教学管理与其利益相关方联系起来，形成一种动力效应，这样的激励机制才能发挥其应有的作用。

四、制定实践教学管理规范和制度

实践教学管理规范和制度是实践教学管理过程中的行为规范和准则，是学校教学管理系统的重要组成部分，也是学校强化实践教学管理、稳定实践教学秩序、加强实践教学质量控制的重要保障，更是其实现实践教学管理科学化和教务工作规范化的基础[5]。

广铁职院在实践教学管理工作的规范化、制度化建设过程中，形成了一系列研究成果。校内实践性教学管理制度包括《实验（训）指导教师工作守则》《学生实验（训）守则》《实验（训）室安全管理规定》《毕业设计（论文）教学工作规程》《课程设计的有关规定》《实训基地建设规划》《兼职教师聘请办法》《关于加强实训教学基地建设工作的意见》《实践教学质量控制标准及检查评价办法》等。校外实践教学基地管理制度包括《校外实训基地管理规定》《校企合作、实训基地协议》《顶岗实习管理办法》等。

五、构建实践教学管理平台

为提高校内外实践教学基地的利用率，充分发挥校内外实践教学基地在人才培养中的作用，强化实践育人功能，广铁职院于 2008 年开发了“实践教学信息管理系统”网络版软件，简称“实践教学管理平台”，实现了对校内外实践教学基地运行过程的实时和动态监控。

实践教学管理平台为每一个学生建立了一个多层“文件夹”（学生实践教学环节中各种实践活动的综合案卷），学生的一切实践活动和相关成果全部放在这个“文件夹”中，学生的实践活动由学生、学习小组组长和实践指导教师等分别进行考核和评价，并按专业实践项目负责人设计的权重系数自动进行分数的处理与合成。学院所有学生、所有实践教学环节及实践教学管理工作已全部纳入实践教学管理平台进行管理。

该平台还可实现技能鉴定管理功能，包括鉴定站所管理、鉴定工种管理、鉴定运作管理、鉴定资料管理、技能鉴定报名及鉴定成绩证书查询等功能。技能鉴定管理功能的使用使得学院技能鉴定学生人数和通过率有了明显提升；同时，由于技能鉴定报名、查询及资料下载等操作的便利性，大幅提升了社会人员技能鉴定人次。

六、建成双控型实践教学质量监控体系

按照“管理者”推动的自上而下模式，学院构建了院系结合、具有上下联动特点的内控体系；同时，按照“受益者”（主要是学校与企业）推动的自下而上模式，构建了具有内外延伸特点的外控体系，形成“双控”型实践教学质量监控体系。内控体系“双线”并行，包括学校层面与各二级学院层面的监控体系。学校层面监控主体主要包括督导室、教务处、学生处等；各二级学院层面监控主体主要包括二级学院教学督导小组、学生等。外控体系监控主体主要包括各专业教学委员会、社会用人单位、实习单位、毕业生等。

5.3　职业院校二级学院教学管理改革

多校区职业院校是指具有一个独立法人地位、有至少两个在地理位置上不相连的校园的职业院校。近年来，随着我国职业教育的飞速发展，职业院校日趋扩大的规模使多校区办学成为我国职业教育发展面临的新挑战，原有的教学管理模式已经不能满足多校区职业院校发展的需要。在职业院校追求规模、结

构、质量、效益协调发展的过程中，教学管理模式亦悄然发生了变革，二级教学管理模式是这场变革中的必然产物。推行二级教学管理模式不仅是为了适应多校区职业院校发展的需要，也是职业院校内部组织变革的内在诉求，更是实现人才培养模式改革以及提高办学质量和效益的重要途径[6]。

一、职业院校二级教学管理存在的问题

目前多校区职业院校二级教学管理主要存在以下几个问题。

1. 各级教学管理部门职能定位不明确

在二级教学管理中，教务处作为校级教学管理部门，其职能主要侧重于宏观指导、调控和服务；二级学院作为下属的教学管理实体，全面负责本部门教学管理的具体工作[7]。目前，校级教学管理部门和二级学院教学管理部门职能定位不明确，校级的教学管理权力较多地集中在教务处，并未真正实现管理重心下移，导致教务处疲于应付事务性的工作，没有时间和精力做好监督、控制和服务工作，而二级学院往往责大权小，事事需向教务处请示，制约了二级学院工作的积极性和主动性，二级教学管理的功能和优势得不到充分发挥。

2. 教学管理制度的科学性和可操作性有待提高

从职业院校二级教学管理现状来看，相关的配套管理制度没有及时修订，还是沿用学校统筹管理下的制度，而且二级学院的教学管理制度不完善，新增的管理工作缺乏相应的管理制度，或者现有的管理制度可操作性不强，不能适应二级教学管理工作的需要。

3. 校本部与分校区之间资源配置不均衡

一方面，大量的物力和财力资源投入校本部（如多媒体教室、计算机机房、专业实训室、图书馆等硬件教学设施）的建设和管理中，而投入分校区的资源相对较少，造成校本部和分校区之间硬件教学资源配置不均衡；另一方面，校本部开设的公共选修课程，类别丰富、形式多样、数量充足，但因为地理位置原因，分校区的学生不能跨校区选课，高质量的学术讲座和学术活动大多在校本部举办，分校区的学生参加也比较困难，这就造成了校本部和分校区之间软

件教学资源配置不均衡[8]。因此，需要确定合理的财力分配模式，均衡各校区之间的资源分配。可适当增加分校区的财力投入，用于硬件资源的建设和升级；通过采用课时补贴的方式鼓励校本部教师到分校区开设公共选修课或者建设公共选修课网上教学平台，邀请有关专家和学者到分校区开展学术讲座等方式，来解决软件资源配置不均衡的问题。

在人力资源方面，校级和二级学院之间的人力资源配置也不均衡。当前校级层面教学管理人员大多数具有硕士以上学历或者是副高以上职称，而且一半以上的人员具有丰富的教学管理专业知识；而二级学院教学管理人员普遍学历或职称较低，教学管理专业知识较为欠缺。实施二级管理后，二级学院的教学管理事务庞杂，而教学管理工作是一项细致的工作，一个环节疏漏就会出现连锁反应，教学管理人员任务重、压力大，并且教学管理人员辛苦和细致的工作往往得不到理解和重视，很少有培训提升的机会。

4. 教学管理信息化建设有待提高

目前，职业院校的教学管理基本实现了信息化管理，教务处、学生处、人事处等职能管理部门根据实际工作的需要购买或自主开发了相关的业务管理系统，以提高管理效率和管理质量。以广铁职院为例，学校有教务管理系统、实践教学管理系统、学生工作管理系统、人事工作管理系统、网络课程建设平台等，但各个管理系统之间相对独立，没有实现数据共享，导致基层教学单位不得不经常重复填报数据，造成人力、物力和时间的浪费。而且在实际操作过程中，管理系统经常会由于技术缺陷或设计不合理而出现诸多问题，甚至出现系统瘫痪，直接影响教学管理的正常运行。另外，受网络配置的实际情况所限，某些管理系统的部分功能只能在校本部操作，给分校区的管理工作带来诸多不便。

5. 教学质量监控和评价体系有待完善

目前，职业院校普遍建立了教学质量监控和评价体系，但教学质量监控和评价制度还不完善，偏重对理论教学环节的监控和评价，缺乏对实践教学环节的监控和评价；教学质量监控和评价的参与主体单一，缺乏合作企业和第三方的参与；教学质量监控和评价的激励制度尚待完善；参与主体对教学质量监控和评价的重要性认识不够，参与积极性不高；教学质量监控的反馈信息不及时。

二、有效实施二级教学管理的改进策略

1. 建立科学的二级教学管理体制，明确校、二级学院两级教学管理职能

在二级教学管理模式下，教务处代表学校行使宏观管理职能，落实教学管理工作重心下移，明确划分校、二级学院两级教学管理职能，确立和调整校、二级学院两级教学管理机构之间的责、权、利关系，扩大各二级学院的教学管理自主权，使其成为具有独立的教学管理职能的实体性机构。教务处的教学管理职能应逐步由“过程管理”转向“目标管理”，由统管全校教学转变为指导、评估检查和服务。应将管理重点放在教学活动运行规范上，并对二级学院教学活动所需教学资源进行协调服务和保障。各二级学院应充分发挥主观能动性，积极转变传统教学管理理念，从注重教学秩序管理向注重教学质量提高转变[9]。

2. 建立合理的教学管理评价机制和绩效考核体系

建立合理的教学管理评价机制和绩效考核体系，以管理制度建设和激励机制建设为主要抓手推进二级教学管理的有效实施。根据职业院校的二级教学管理方案，各二级学院要制订具体可操作的二级教学管理实施细则，要在更新教学管理理念、深入理解二级管理改革目标和改革方案的基础上，根据本部门（本校区）的专业特点、教学管理的实际情况，制定出可行的、科学的、规范的相关管理制度细则，使二级学院教学管理工作有章可循，又可根据实际情况变化不断调整，提高管理制度的科学性和可操作性，以便更好地为教学管理服务[10]。同时，学校要制定分解的目标评估指标体系，通过反馈系统考核、评估各分解目标来了解情况，利用激励手段进行全面驱动、宏观调控。

3. 创新管理方法和管理手段，提高教学管理效率

信息技术的快速发展为职业院校创新管理方式和管理手段提供了新的思路和途径。职业院校实行二级教学管理改革，在管理方式上必须从具体管理转

为监控管理，在管理手段上由直接管理转为间接管理。从革新管理方式和管理手段的角度来看，多校区职业院校可以通过数字化校园建设，实现与教学、科研、管理和生活服务有关的所有信息资源的管理和沟通传播，从而形成高度信息化的人才培养环境，实现提高管理效率的目标。

4. 构建有效的教学质量监控体系

建立完善的教学质量管理制度，逐步形成规范、全面、科学的质量标准体系，重视教学管理动态监测，突出教学质量过程性调控，在生产性实训和顶岗实习过程中引入合作企业监控和第三方评价体系，不断完善校、二级学院两级教学质量信息收集、反馈与调控系统，加强校、二级学院两级信息沟通。校级教学质量监控要求根据人才培养的总体目标，对各教学环节提出具体要求，制定评价标准，并定期对各教学环节展开检查，对检查数据进行统计分析和重点抽查剖析[11]；二级学院教学质量监控要求一是深入每个专业，对各项教学活动的开展要提出具体的质量要求和监控指标，二是通过对全体学生、全体任课教师、全体教学管理人员教学行为的监控，将教学质量监控细化到每一堂课、每一次作业、每一次考试、每一个教室和每一个实习实训场所，以达到全面提高教学质量的目的。

5.4　职业院校教务管理系统改革——以广铁职院为例

《国家中长期教育改革和发展规划纲要（2010—2020年）》明确指出：“深化教学改革。推进和完善学分制，实行弹性学制，促进文理交融。”学分制打破了传统的学年学分制和行政班的管理界限，以教学班为管理单元，以选课为基础，以专业人才培养方案为指南，学生根据自身情况，自主选择学习内容和上课时间等，修满毕业所需全部学分即可毕业。实行学分制是职业院校顺应经济社会发展需要的必然选择[12]。

2016年，广东省启动一流高职院校建设计划项目，明确将实施完全学分制作为职业院校深化重点领域综合改革的必选项之一。广铁职院作为广东省一流高职院校立项建设单位之一，2017 年开始在部分专业试点推行学分制改革，制定了学分制实施方案、专业人才培养方案、选课管理制度、学分替换和互认制度以及导师管理制度等一系列教学管理制度，2019 年开始在所有专业中实施学分制改革。随着学分制改革的不断深入，教务管理部门的业务工作量不断增加，特别是学籍管理、成绩管理和选课管理的业务工作量急剧增加，对教务管理系统提出了更高的要求。因此，分析学分制下现有教务管理系统存在的问题，提出解决的对策，不断完善和改进现有的教务管理系统，对学分制教学管理工作的推进有重大意义。

一、现有教务管理系统使用情况

教务处作为教学运行管理的核心部门，承担了学校的教学管理任务，工作量十分繁重，随着招生规模的不断扩大，教学管理工作靠人工操作已经不能满足实际需要。广铁职院于 2004 年引进教务管理系统学年学分制版本，作为教学运行管理工作的辅助工具，并于 2015 年升级为高职过渡版。高职过渡版的教务管理系统包括系统管理、学生管理、师资管理、教学计划管理、智能排课、选课管理、考试管理、成绩管理、教学质量评价和毕业资格审核等模块。

系统管理模块的主要功能包括用户维护、代码维护、系统设置、数据备份、数据更新等，属于基础性管理模块。

学生管理模块的作用主要是进行学生学籍管理，包括学生基本信息管理、学籍异动（如注册、休学、退学、复学、转专业等）处理、学生相关数据的汇总统计分析等功能，是属于基础性管理模块，为后续的管理工作提供基础数据。

师资管理模块的作用是进行教师信息管理，同样也是属于基础性管理模块。

教学计划管理模块主要是进行课程库管理、教学计划管理、教学任务管理等。课程库管理主要是指课程代码的管理，包括课程代码的增加、修改、删除等功能。教学计划管理主要是指专业教学计划的管理，包括教学计划的录入、修改和删除等功能。教学任务管理主要是指学期教学任务的管理，包括教学任务的生成、下达和落实等功能。此模块是智能排课模块的重要前导模块。

智能排课模块主要是完成课表编排和日常的教学调度工作。教学秘书在教务管理系统中完成教学任务录入后，由教务管理人员完成对教学任务的安排工作，即编排课表。在日常的教学运行管理过程中，所有的调课、补课、代课等操作也都在这个模块完成。

选课管理模块主要是完成学生选课控制和调整工作。学生选课主要包括专业限选课和公共选修课两个部分。学生选课完成以后，任课教师下载课程学生名单用于日常管理。如有特殊情况，教务管理人员亦可手动调整课程学生名单。

考试管理模块主要用于教学班级考试的安排，包括考试时间、考试教室和监考老师的安排。

成绩管理模块主要是用于学生成绩的管理。在考试结束以后，教务管理员开放系统，任课教师录入学生成绩。如有特殊需要，教务管理人员可对学生成绩进行手动调整，包括修改、增加和删除，但以上这些特殊操作需经过严格的审批流程。

教学质量评价模块主要是用于学生网上评价任课教师及评价数据的处理、评价等级的划分等。

毕业资格审核模块是对学生入学以来的所有教学环节的审核。通过审核学生是否完成专业人才培养方案中所有规定的课程，判断学生是否可以毕业并获得毕业证书，只有修读完专业人才培养方案中规定的所有课程并且考核合格、获得规定学分，才能获得毕业证书，否则只能获得肄业证书。

高职过渡版的教务管理系统基本上能够满足教学运行管理过程中常规性管理工作的需要，较大程度上减轻了教学管理工作人员的负担。

二、学分制下现有教务管理系统存在的问题

学分制的实施赋予了学生更多的选择权和自主权，学生可以根据自身情况，自主选择学习内容、任课教师和上课时间等，学习的形式上也更加灵活。但现有教务管理系统的部分功能已经不能适应学分制改革的需要，主要表现在以下几个方面。

1. 教务管理系统缺乏稳定性，数据管理存在瑕疵

现有的教务管理系统无法承载大量并发访问，当有很多用户同时登录系统时，会经常导致系统崩溃。如在学生集中选课时，基本上全校学生会在同一时

间登录系统，从而导致系统发生崩溃，很多学生没有办法选到理想的课程。另外，由于硬件问题，现有的教务管理系统在数据管理上也存在一定的问题，如常常出现客户端的数据已经发生更改，但 Web 端查询到的还是更改之前的数据，造成管理者和用户之间的数据不同步[13]，影响教学秩序。

2. 教务管理系统现有模块功能有待完善

现有的教务管理系统中，学籍管理模块是以行政班为基础进行管理的，但实施学分制以后，学生的教学管理工作由原来的以行政班为基础转变为以教学班为基础，现有的教务管理系统已经不能适应学籍管理工作的需要。又如现有的教务管理系统的选课管理模块中，学生只能选择课程内容和上课时间，缺少选择任课教师的功能，而且学生选课只能实现单门课程的选读，不能按模块选课。

3. 教务管理系统与收费系统缺乏衔接

广铁职院现有的教务管理系统和收费系统是两个相对独立的系统。现有的收费系统是按照传统的收费模式进行收费的，即同一专业学生的缴费标准是统一的，这种传统的收费方式已经不能满足学分制改革的需要。实施学分制后，学生的学费由专业学费和课程学费两部分组成。同一专业的专业学费是一致的，但课程学费是根据学生修读的课程学分来收取的。每个学生修读的课程学分不同，所要缴纳的课程学费也是不同的。学生的学费必须以教务管理系统中学生修读课程的学分为依据来计算收取[3]。因此，教务管理系统与收费系统的数据衔接就变得非常重要。

三、学分制下教务管理系统的改进策略

1. 完善教务管理系统的各项功能

需要加大资金投入，完善现有教务管理系统的各项功能。可以通过建立完善的教务管理系统数据库，并将大数据应用于教学管理工作中[14]，以适应学分制管理的需要。

完善选课功能模块，在选课模块中增加学生选择任课教师的功能。改进学

生的选课流程，采用预选、正式选课和调整选课的方式进行。预选是学生根据自己的课程设置，结合自身的兴趣预先进行选课，一般可安排在本学期末进行下一学期课程的预选。学生预选完成以后，教务管理部门可根据学生预选情况进行课程安排，包括任课教师、上课地点、上课时间等。教务管理部门在排课时可将同一课程不同的任课教师安排在同一时间上课，这样方便学生进行任课教师的选择。排课完成后，在教务管理系统中就生成了包括课程名称、课程学分、任课教师、上课地点、上课周数、可选人数等信息的课程表，教务管理部门在设置好选课条件后，将确定好的课程表信息发布在网上供学生正式选课。正式选课时间一般可在下学期开学前的两周内进行。从正式选课结束到开始上课至少预留一周时间，在这一周时间内，学生若发现选修课程与专业课程上课时间冲突，可以进行课程调整。选课全部结束后，原则上不允许学生再进行退选或者改选课程。学生登录教务管理系统查看课表，教师登录教务管理系统打印学生点名表，作为考勤的依据，教务管理系统生成每个学生的选课学分情况，作为财务系统收费的依据。

实行“模块化”的全校选修课制度。每个课程模块设置课程3～5门，每门课程学分为1～3学分，每门课程有规定的开课学期，学生从课程模块中自由选修课程，学生选读一个模块后，该模块下的课程自动进入学生个人选课记录。实施学分制后，专业人才培养方案中的限选课主要针对具体就业岗位（如订单班、创新创业班等）进行设定，包括基本专业方向、创新创业方向等类课程按照模块化的方式进行设置。学生因为转专业或者进入订单班等原因需要退选模块课时，只需要退选其中的一门，其他未修模块课程则自动退选，不需要学生进行重复操作。

增加学分认定与转换模块。每个学期初，学生登录教务管理系统，填写学分认定与转换申请表，对上一学期获得的可认定学分进行认定申请。开课学院登录教务管理系统，逐一审核学生的认定申请并给出审核意见，并在本学期中期将符合认定要求的申请提交到学校教务管理部门审批。教务管理部门批准通过后将结果转入学生成绩库，实现学分认定。学生可登录教务管理系统实时查看认定申请处理情况。

2. 实现各个系统间的数据共享

广铁职院现有的教务管理系统、学生管理系统、财务管理系统等是相对独立的系统，由于各系统的开发公司不尽相同，所使用的数据库和程序也不一样，因此各个管理系统之间的数据也是独立的。应通过建立统一的平台和数据标准，将各部门的数据整合到同一平台上，保证数据的唯一性和联动性[15]。用户修改信息，只需登录平台后在某一个系统上操作，其他系统的信息就会跟着变更，无须用户多次修改，提高工作效率。例如，实施学分制后，学生的学费将根据学生所在专业和所选课程的总学分数来核算，每个学生所学专业和所选课程的情况不同，每个学期所缴纳的学费也不一样。财务管理系统依据教务管理系统中学生的学籍情况和选课情况来确定学生缴纳学费的额度，并及时将学生缴费情况反馈到教务管理系统，作为日常管理学生的依据，这需要教务管理系统和财务管理系统之间实现数据共享。再如，学生学籍发生异动后，教务管理系统中的学生学籍数据需要自动同步到学生管理系统中，方便学生管理部门的工作，这需要教务管理系统和学生管理系统之间实现数据共享。

随着信息技术水平的不断提高，教务管理系统应更加现代化、智能化、易操作，以保证教学管理工作能够高效稳定地开展，从而保障学分制的顺利实施。

5.5 职业院校校企合作教学质量评价体系建设

2006 年颁布的《教育部关于全面提高高等职业教育教学质量的若干意见》（教高〔2006〕16 号）中提出：“高等职业院校要强化质量意识，尤其要加强质量管理体系建设，重视过程监控，吸收用人单位参与教学质量评价，逐步完善以学校为核心、教育行政部门引导、社会参与的教学质量保障体系”。2008 年，《教育部关于印发〈高等职业院校人才培养工作评估方案〉的通知》（教高〔2008〕5 号）中又明确提出：“深化校企合作、工学结合的人才培养模式，推动教育行政部门完善对高等职业院校的宏观管理，逐步形成以学校为核心、教育行政部门为引导、社会参与的教学质量保障体系”。2019 年，国务院发布的《国家职业教育改革实施方案》中提出：“建立职业教育质量评价体系，完善政府、行业、企业、职业院校等共同参与的质量评价机制”。可见，校企合作开展教学质量评价已成为职业教育的发展趋势，开展校企合作的职业院校教学质量评价体系研究具有十分重要的现实意义。

一、校企合作教学质量评价体系的构建原则

1. 导向性原则

职业教育的人才培养目标是满足“零距离”的就业需求。评价指标体系要以就业为导向，以市场对人才的需求、对人才培养质量的标准为评估依据，通过企业或用人单位对学校满足市场需求的程度及用人单位对毕业生的满意度实施评价。

2. 可操作性原则

评价体系要符合职业教育的客观规律和职业院校的教学特点，评价主体多元化，评价内容和指标客观、适度，评价方法科学、合理，能准确反映评价对象的真实水平和培养效果。在运行过程中要做到分工明确、要求具体、实施简单，使整个评价过程能够被各评价主体所理解和接受，并能够有效完成，达到评价的预期效果。

3. 动态性原则

市场对人才的需求是一个不断变化的过程，从持续提高教学质量的发展观出发，教学质量的评价理念也必须遵循动态性原则，根据内外部条件和因素的变化不断地调整与完善，从而实现评价主体、评价内容、评价功能、评价手段、评价方法的动态发展，使评价体系更加符合客观实际，能够及时反映人才培养质量与市场需求的契合度。

4. 突出职业教育特点原则

职业教育具有鲜明的职业性、适应性、时代性的特点，职业教育所培养的人才、所传授的知识和技能必须适应和满足经济社会发展的需要以及企业发展的需要。因此，职业教育质量评价应更注重由用人单位、行业企业等社会力量

对学生职业能力的评价，这样才能更贴近市场需求。

二、校企合作教学质量评价体系的构建思路

近年来，随着职业教育体制改革的进一步深化，政府不断提出转变办学机制，实行开放办学，加强工学结合和校企合作。各职业院校积极推行合作学院、订单式培养、现代学徒制等模式，企业越来越多地参与到职业院校的办学和教学过程中，如校企共同制订人才培养方案，校企共建课程、实训基地，校企共同开发教材等，但企业真正参与教学质量评价的并不多。通过对美国、德国、日本等国家职业教育运行实践的比较研究，下面重点从评价主体和评价内容两方面来设计校企合作的教学质量评价体系。

1. 评价主体多元化

我国职业教育发展至今，一直是以政府作为教学质量评价的主体，政府对职业院校开展人才培养工作水平评估，对国家示范校、骨干校建设，中国特色高水平高职学校和专业建设，精品课程、精品在线开放课程进行评审等，就是政府对职业院校教学质量进行外部评价的表现。但是，学生作为教学质量的载体，最终接受的是用人单位的考核，因此，必须建立由企业等多方参与的质量评价体系，这也是当前世界各国实施教学质量评价的共同发展趋势。

（1）政府

政府在较长一段时间内仍将是职业院校教育质量的评价主体之一。但是，随着职业教育体制改革的进一步深化，由政府组织的质量评价形式已不能适应经济社会发展和职业院校快速发展的需要。政府应逐渐退出具体的质量评价活动，而改为通过法律法规等宏观手段和财政拨款等经济手段间接参与，引导职业教育发展与经济社会发展需求相适应。

（2）企业或用人单位

在市场经济条件下，职业院校的办学体制发生了重大转变，面向市场办学已成为职业院校生存和发展的基础。《国家职业教育改革实施方案》中明确提出：“要推动校企全面加强深度合作，鼓励国家产教融合建设试点企业兴办职业教育，厚植企业承担职业教育责任的社会环境，推动职业院校和行业企业形成命运共同体”。企业不仅是职业院校办学的投资者，更是教育成果的享用者，

职业院校人才培养质量正是通过企业或用人单位对毕业生的满意程度来体现的。因此，企业或用人单位必须是教学质量评价体系中不可或缺的主体之一。

（3）学校

职业院校是职业教育人才培养的实施场所，负责教学质量评价的组织与开展，是目前教学质量内部评价体系的核心，对自身的教学质量进行自我管理、监控和评价，理应是教学质量评价的重要主体。

（4）学生

学生尤其是毕业生经过工作实践后，能结合切身体会从所学所需的角度综合评价学校的教学质量、教师教学水平、专业和课程设置以及教学管理制度等，从而促进学校各项教学、管理水平的提高。因此，学生也应成为教学质量评价的一股力量。

2. 评价内容职业化

企业参与教学质量评价的过程应贯穿于教学实施的全过程。因此，应按照教学实施的“输入—运行—输出”过程，设定校企合作的教学质量评价内容。

（1）教学输入过程

目前，职业院校大都建立了专业指导委员会制度，即聘请行业企业领导或有经验的技术骨干、一线技术人员，通过定期召开专业指导委员会，校企共同探讨专业设置、招生规模，共同制订人才培养方案等。但是，职业院校还应在学校教学工作委员会或教学质量监控委员会中邀请行业企业专家等社会力量共同参与教学质量的过程管理，共同起草和审定校内外特别是校外教学质量管理制度，定期对学校与教学质量相关的重要观测点进行组织评估。同时，企业也应该积极配合职业院校开展调研，针对专业设置、课程设置、人才培养目标定位、人才规格及市场需求等提出建议，积极参与教学质量评价体系的构建过程。

（2）教学运行过程

在教学运行过程中，学生是教学质量最直接的体现者，其学习质量的高低直接体现了职业院校的教学质量；教师是教学的主导者，其教学能力的高低直接影响学生的学习质量。因此，学生的实践技能和教师的教学能力都是评价的重点内容。

职业教育培养的学生要求“理论够用，实践为主”，学生的实践技能就是职业院校教学质量评价的核心。实践技能主要通过实习实训、顶岗实习等实践教学环节来培养，这些环节多在企业实施，其教学过程的质量就需要企业组织实施评价。企业应安排能工巧匠参与实践教学的各个环节，他们有企业一线工作经验，熟练掌握行业企业所需的技能以及了解技术发展新趋势，清楚企业对毕业生的规格要求，评价往往会更客观、公正。目前，职业院校对实践教学以及学生实践技能的考核较少，制定相关的评价标准和评价方法，逐步增大对实践教学环节的评价比例，是开展实践技能评价的关键。应分别从学校和企业的角度建立不同的评价标准，学校主要对学生的专业知识掌握程度、灵活运用能力进行评价，企业则应着重对学生的实践技能、职业素养、创新能力等综合素质进行评价。

在校企合作、产教融合的模式下，职业院校的教学过程已逐渐由学校课堂延伸到企业。目前，教师的课堂教学质量基本是由管理者、教学督导、教师、学生进行评价[16]，且着重评价教师的工作态度和理论教学效果，由于各种客观原因，企业几乎没有参与教师的课堂教学质量评价。因此，需要企业从岗位能力出发，根据职业岗位（群）的需要，以工作过程为导向，从教学内容选取、教学组织形式、教学方法与手段等方面对教师进行评价，检验教师的教学内容是否适合学生职业能力的培养需要，教学组织形式是否围绕工作过程或项目导向实施等。教师在企业实施的实践教学过程或在企业顶岗锻炼过程的质量更需要企业从实际职业能力的角度进行评价。近年来，国家积极推行职业院校“双师”素质教师队伍建设，要求教师到企业锻炼，这是对教师实践技能水平的考核要求，对于没有企业一线经历的专业教师，只有真正承担企业的具体工作任务，才能掌握实践操作技能，从而更好地培养学生。

（3）教学输出过程

从国外职业教育发展的趋势来看，对学生“出口”质量的评价会越来越得到重视。如美国在对高等院校进行教学质量评价时，要求被评价学校提供诸如学生完成学业率、毕业生专业成就、事业发展状况以及雇主对毕业生的评价等与学生“出口”质量相关的充分的论证材料。用人单位对毕业生的职业道德、专业知识与技能、创新能力、团队能力等职业能力的评价[17]，可以使职业院校准确了解人才培养目标是否实现，教学内容是否满足企业需要，从而根据社会需求不断修订人才培养方案，不断调整专业设置和课程设置，使职业院校培养的人才能够适应经济社会发展和企业转型升级的需要。

加强校企合作、工学结合，将企业纳入教学质量评价的全过程，可以帮助企业找到参与职业院校教学的契合点，使企业实现从“用人”的角色向“参与育人”的角色的转变，充分发挥对教学质量评价的导向、诊断、反馈等功能；这样做可以助力职业院校及时调整人才培养目标和专业方向，确保课程设置和教学内容与市场需求相匹配，实现毕业生综合素质与用人单位需求的无缝对接，从而确保人才培养质量，实现学生、学校、企业三方共赢。

5.6　职业院校教师评价体系建设

教师的教学质量评价是高校教学质量管理的重要环节，对引导教师提高教学水平、改进教学方法、提高教学质量具有重要的作用[18]。

一、职业院校教师评价制度存在的问题

职业院校教师评价制度并不完善，主要问题表现在以下几个方面。

1. 对评价工作认识不清

开展教师评价的目的主要有两个：一是提高教师的教学效能，即通过评判结果、明确职责、奖优罚劣等措施来保证教学质量的提高，通常可与教师聘任、提升、增薪等人事决策相联系。二是促进教师的专业发展，即通过诊断问题，提供教师优缺点信息，鼓励并帮助教师不断提高业务素质和专业水平。

多数职业院校开展教师评价大多重视的是评价的鉴定性和奖惩性功能，关注更多的是总结性的评价结果，容易忽略评价的导向功能，使评价缺乏导向性[19]。这样容易使教师仅着眼于评价结果，甚至可能发生极少数教师为了取得好的评价结果而弄虚作假的情况。

2. 评价工作组织不到位

评价工作组织不到位，在学生群体中的宣传力度不够，学生参与的主动性

和积极性没有被充分调动，大多数学生并不是因为了解评价活动的重要性而积极主动参与，而是学校每学期为例行教学检查而要求他们必须参与，有的学校对不参与评价活动的学生还做出一些限制，譬如学生不参与评价活动就不能查询成绩、不能进行网上选课等，这样会造成部分学生产生抵触情绪，使其在评价过程中敷衍了事、乱评一气，进而影响评价结果。

另外，在时间上安排不合理，大多数学校评价时间安排在学期末，学生大多忙于期末复习而无暇顾及，并且一个学期已经过去，新学期很多课程并不一定再次开设，这样不利于教师根据评价结果及时改进自己的教学方法。

3. 评价指标设置不全面、不科学

目前职业院校的教师评价指标体系总体可分为两大类：一类是有分级指标，即在一级指标下设置若干个二级指标；另一类是无分级指标。

评价指标设置不全面主要体现在：评价指标往往只注重共性而忽略了个性[20]，如评价指标局限于备课内容、课件制作、批改作业、课堂教学等方面，而忽略了学生实训实习、顶岗实习指导等方面，对学生职业素质、职业能力培养方面的评价欠缺。

评价指标设置不科学主要体现在：职业院校的教学特色就是不同专业、不同课程、不同类型的教师，采用不同的教学模式、运用不同的教学方法来实现应有的教学效果。现有的评价指标基本是对所有课程的所有教师采用统一的标准进行评价，忽略了不同专业、不同课程、不同类型教师在教学上的差异性，不能体现职业教育的特色。

4. 评价反馈不及时

未建立科学有效的反馈制度，教师不能及时了解自己存在的问题。评价反馈是评价活动的重要环节，没有反馈的评价活动是不完整的。反馈不及时，就不能达到评价活动开展的真正目的。没有及时地将评价结果反馈给教师，教师就不能及时发现自己在教学中存在的问题而进行有针对性的改进，从而不能实现促进教师改进教学方法、提高教学能力、全面提升教学质量的效果。

5. 评价结果使用不充分

大多数职业院校将教师的评价结果与教师的薪酬调整和职称评定相结合。一般来说，教师评价大多使用同行（同事）和上级评价的结果，学生评价结果往往被忽略。教学工作是教师工作的重要组成部分，学生是教师教学活动的直接参与者，他们可以通过实际学习体验来反映教师的教学质量及教学效果，因此他们对教师的评价是比较直接和客观的。因此，学校应该适当地把学生评价结果作为参考，与教师薪酬调整和职称评定有机结合起来，这样才能充分发挥评价结果的作用。

二、教师评价制度的改进策略

1. 增强评价主体的独立性

职业院校教师评价工作依赖于评价主体的独立性，评价主体的独立性是评价过程公正、评价结果有效的保证，并且评价主体需要匹配相应的权力[21]。因此，职业院校可专门设置相关机构进行教师评价工作，并给予相应的权力，直接对院（校）长负责。同时，应该在校内选聘既熟悉学校教学情况，又对教师评价有一定研究的人员充实到该部门中。

学校在评价活动开展之前，要采取有效措施保证参评人数。可通过学校的宣传栏、广播站等途径加大宣传力度，积极引导，使学生和教师充分认识到评价活动的重要性，充分调动学生和教师参与评价的积极性，变被动评价为主动评价。

为了更全面地了解教学质量和教学效果，学校可以酌情增加评价次数。例如，可以在学期中组织一次评价活动，以反映近期的教学质量情况，教师可以根据评价活动中反映出来的问题进行改进；在学期末再组织一次评价活动，可以检验学期中评价活动反映出来的问题的改进效果。除此之外，也可以尝试改进评价方式，例如将单一的网络或纸质评价方式进行整合，增加座谈、引入第三方评价等方式，提高评价的准确性和客观性。

2. 突出评价指标的科学性

职业教育的特点是要求教师不仅要注重提高理论教学能力，同时也要重视提高实践教学能力[22]，因此，在教师评价指标中需要增加对教师实践教学能力的评价。不同类型的课程有不同的要求，在评价的过程中要有所区别。建议针对不同类型和不同性质的课程，建立具有差异性的评价指标。

纯理论课程往往以教师讲授为主，因此学校对这类课程进行评价时，评价指标要多注重授课内容。实践课程往往采用以学生为中心的教学方法，因此评价指标不能只注重授课形式和课堂气氛，也应该注重授课教师所传授的信息量。总之，评价指标不是一成不变的，需要在实践中不断修订和完善，最终实现评价指标的科学性。

3. 建立及时畅通的反馈渠道

为落实评价工作，需要建立流畅的评价反馈渠道和完善的评价反馈机制。及时汇总教师的评价结果，不宜仅以教师的自我评价、同行评价、领导评价、学生网上评价等单方面的评价结果作为教师评价的标准，需要考虑每一类评价权重的合理性，准确地得出最终的综合评价结果。

建议采取网络公布评价结果的方式，使教师和学生能够随时了解评价情况。还可以在学校相关宣传栏中公示评价结果，同时通过学校主页、校园广播等方式通知师生查看，以保证评价结果有效地反馈。

4. 坚持正确的评价导向

完善教师评价体系、健全教师评价制度、坚持正确的评价导向，有助于引导教师将更多的精力投入到人才培养中。这样教师可以更好地完成课堂教学工作，积极参与专业建设、课程建设，以及深入开展学术研究。教师评价体系应该体现以人为本的理念，为教师营造一个相对宽松的工作环境，激发教师的工作积极性和创造力。

参考文献

[1] 刘冬冬，闫晓丹. 高等教育“放管服”改革：内涵逻辑、困境分析及消解路径[J]. 重庆高教研究，2017（6）：20-27.

[2] 刘永林，周海涛. 深化高等教育“放管服”改革的思考[J]. 复旦教育论坛，2017（5）：5-8，16.

[3] 周为民，等. 远程教育实践教学“文件夹”式管理系统的研究与开发[J]. 湖南广播电视大学学报，2004（4）：35-37.

[4]　文彬. 实践教学管理与质量监控与保障体系的研究[J]. 湖南工程学院学报（社会科学版），2009（4）：115-118.

[5]　刘元林，孟庆强，潘莉，等. 实践教学质量监控与评价指标体系的构建研究[J]. 实验技术与管理，2011（1）：19-21，24.

[6]　徐丽. 有效构建二级教学管理体制下的高职教学质量监控体系[J]. 职业教育研究，2009（1）：52-53.

[7]　赖苑基. 高职院系二级教学管理工作模式探讨[J]. 职业技术教育，2006（31）：24-26.

[8]　林徐润. 高职院校两级教学管理研究[J]. 教育与职业，2012（4）：36-37.

[9]　周家伟. 对高职院校院系两级教学质量监控长效机制的探讨[J]. 职业教育研究，2008（4）：28-30.

[10]　李忠华. 高职院校推行院系二级管理改革问题研究[J]. 职业教育研究，2009（1）：50-51.

[11]　杨文斌，黄崴. 高校多校区办学教学管理模式探析[J]. 黑龙江高教研究，2005（10）：25-27.

[12]　章宗标. 学分制下教务管理系统的改进与完善[J]. 浙江树人大学学报，2018（6）：47-49.

[13]　李玲. 基于完全学分制的高职教学管理系统[J]. 教育与职业，2017（8）：68-71.

[14]　王利江. 基于完全学分制教务管理系统的改进和完善[J]. 内蒙古师范大学学报（教育科学版），2012（3）：91-93.

[15]　朱丽丽. 数据时代高校教务管理变革研究[J]. 中国成人教育，2016（21）：53-56.

[16]　曾琪斐. 高职院校加强教学质量监控与评估的研究与实践[J]. 职业教育研究，2010（3）：65-66.

[17]　韩磊磊. 创新教育观指导下的教学质量评价[J]. 黑龙江教育，2010（3）：12-14.

[18]　汪晓媛. 高校教师绩效考核：教师教学工作评价的问题与改进建议[J]. 苏州大学学报，2008（7）：112-113.

[19]　霍本瑶，郝艳莉. 高职教师课堂教学质量评价的现状与对策[J]. 职教论坛，2009（5）：58-60.

[20]　李荔. 高校实施发展性教师评价的困境与对策[J]. 教育与职业，2010（3）：40-43.

[21]　尹明忠. 中国高校教师评价的问题与对策[D]. 武汉：华中科技大学，2009（3）：24-27.

[22]　戴瑞亮. 高校教师教学评价体系的现状、问题及对策[J]. 黑龙江高教研究，2010（7）：109-112.